工程建设项目管理的现代化发展及监理模式研究

劳唯中　著

北京工业大学出版社

图书在版编目（CIP）数据

工程建设项目管理的现代化发展及监理模式研究 /
劳唯中著 . — 北京 ： 北京工业大学出版社，2019.10（2021.5 重印）
ISBN 978-7-5639-5932-7

Ⅰ．①工… Ⅱ．①劳… Ⅲ．①基本建设项目－工程项
目管理－管理模式－研究②基本建设项目－工程项目管理
－监理工作－研究 Ⅳ．① F284

中国版本图书馆 CIP 数据核字（2019）第 084084 号

工程建设项目管理的现代化发展及监理模式研究

著　　者：劳唯中
责任编辑：张　娇
封面设计：点墨轩阁
出版发行：北京工业大学出版社
　　　　　　（北京市朝阳区平乐园 100 号　邮编：100124）
　　　　　　010-67391722（传真）　bgdcbs@sina.com
经销单位：全国各地新华书店
承印单位：三河市明华印务有限公司
开　　本：710 毫米 ×1000 毫米　1/16
印　　张：11.5
字　　数：220 千字
版　　次：2019 年 10 月第 1 版
印　　次：2021 年 5 月第 2 次印刷
标准书号：ISBN 978-7-5639-5932-7
定　　价：48.00 元

前　言

随着现代社会经济的不断发展，我国的各项工程建设项目不断开展，行业发展也在逐渐走向成熟。一方面，现代科学技术和装备的应用，使得工程建设项目的施工水平不断提高。另一方面，工程项目的建设也要求在管理和监理上实现现代化的发展。

管理在工程建设项目过程中发挥着重要的作用，其贯穿整个工程项目建设。工程建设项目管理的现代化能够使工程项目在建设过程中更加科学和经济。此外，对于现代的工程建设项目来说，人们越来越重视质量、环境、安全等问题，有效的工程建设项目管理和监理则能够使工程建设过程中的质量和安全得到保证，并且实现绿色环保施工。因此，对于工程建设项目来说，实现工程建设项目管理的现代化发展，建立完善的监理模式，对提高工程建设项目的建设水平具有重要的意义。

本书共八章。第一章对工程建设项目管理进行了简要介绍；第二章对工程建设项目监理进行了简要介绍；第三章对工程建设项目监理模式的建设进行研究；第四章对工程建设项目的质量管理进行研究；第五章对工程建设项目的安全管理进行研究；第六章对工程建设项目的环境管理进行研究；第七章对工程建设项目的合同管理进行研究；第八章对工程建设项目的信息管理进行研究。

为了保证内容的丰富性与研究的多样性，作者在撰写本书的过程中参阅了很多关于工程建设项目管理与监理的相关资料，在此对这些资料的作者表示衷心的感谢。

由于作者水平有限，加之时间仓促，书中难免有疏漏和不妥之处，恳请广大读者批评指正。

目 录

第一章　工程建设项目管理

我国基本建设领域正在逐步与国际接轨，工程建设项目管理作为一种成熟的管理理念和管理模式，日益受到人们的广泛重视。工程项目的建设都有特定的政治、经济和社会生活背景。建设项目策划是把建设意图转换成定义明确、系统清晰、目标具体且富有策略性运作思路的高智力的系统活动。通过项目策划可以明确项目的发展纲要，构建项目的系统框架，并为项目的决策提供依据，为项目的实施提供指导，为项目的运营奠定基础。

第一节　项目和工程项目的概念及特征

一、项目的概念

在当前社会中，项目被广泛应用于各个方面，并且历史悠久。其中，中国的万里长城和故宫、埃及的金字塔等都是早期成功的项目典范。但对项目究竟如何进行定义，却有多种解释，典型的解释有以下几种。

①《项目管理质量指南》（ISO 10006）对项目的定义：项目具有独特的过程，有开始和结束日期，由一系列相互协调和受控的活动组成。过程的实施是为了达到规定的目标，包括满足时间、费用和资源等约束条件。

②德国国家标准（DIN 69901）对项目的定义：项目是指在总体上符合如下条件的具有唯一性的任务：具有预定的目标，从最广泛的含义来讲，项目是一个特殊的将被完成的有限任务；它是在一定时间内，满足一系列特定目标的多项相关工作的总称。

③比较传统的是 1964 年马蒂诺对项目的定义：项目为一个具有规定开始和结束时间的任务，它需要使用一种或多种资源，具有多个为完成该任务必须完成的相互独立、相互联系和相互依赖的活动。

二、项目的特征

虽然人们对项目有很多种解释，但作为项目通常都具有以下特征。

（一）有一个明确界定的目标

项目工作的目的在于得到特定的结果，即项目是面向目标的。目标贯穿于项目的始终，一系列的项目计划和实施活动都是围绕这些目标进行的，目标因需求而产生，应该是明确的。例如，某房地产项目的质量目标是获"鲁班奖"，某桥梁的进度目标是必须在明年春节前通车。除了目标明确外，目标还必须是可实现的，目标不可达到的项目是无法管理的。

（二）一次性

项目的实施过程不同于其他工业品的生产过程，项目的实施过程只能一次成功，因为项目不可能像其他工业品一样，可以进行批量生产。这也就决定了项目管理也是一次性的，它完全不同于企业管理。

（三）单件性

无论是什么样的项目，究其本身的内涵和特点都与众不同。例如，一条公路、一栋建筑等。即使两个相同的建筑，一个施工单位施工，其进度质量和成本结果也不一样。

（四）具有一定的约束条件

任何项目的实施，都有一定的限制和约束条件，包括时间的限制、费用的限制、质量和功能的要求以及地区、资源和环境的约束等。因此，如何协调和处理这些约束条件，是项目管理的重要内容。

（五）具有生命周期

正如项目的概念中所说，项目为一个具有规定开始和结束时间的任务。同生命物质一样，项目有其产生、发展、衰退和消亡的生命周期过程。而不同的项目，生命周期过程也不一样。因此对于不同的项目，根据其特点必须采用不同的项目管理，以确保项目的圆满完成。

（六）多活动性

从根本上讲，项目包含一系列相互独立、相互联系、相互依赖的活动，包括从项目的开始到结束整个过程所涉及的各项活动。尽管项目是有组织地进行，但它并不是组织本身；尽管项目的结果可能是某种产品但项目也不是产品本身。

项目是为提供某项独特产品、服务或成果所做出的临时性努力，项目具有临时性、独特的产品或服务或成果、渐进明细三大特征。临时性是指每一个项目都有确定的开始和结束。项目的临时性还体现在。

①机遇的出现总是短暂的，即大部分项目都要在一定的时限内推出产品或提供服务。

②项目团队作为一个工作单位的存在时间较短，一般不超过项目本身，即大部分项目都是由特意为其组建的专门团队负责实施，项目完成时，这个团队也就解散了，团队成员需要重新安排。

三、工程项目

工程项目属于最典型的项目类型，主要是由以建筑物为代表的房屋建筑工程和以公路、铁路、桥梁等为代表的土木工程共同构成，所以也称为建设工程项目。工程项目除了具有项目的特点外，还具有以下几个自身的特征。

（一）具有特定的对象

所有工程项目都具有特定的对象，可能是一家商场、一所学校或一条高速公路，它的建设周期、造价和功能都是独特的；建成后所发挥的作用和效益也是独一无二的。因此，任何工程项目的目标也是特定的。

（二）有时间限制

由于建设方不同，建设的环境不同，所以工程项目建设的开始和结束时间不同，建设周期长短不一，但都必须在建设方或业主要求的时间内完成，即工期限制。任何一个业主，总希望他的项目能尽快完成，及早投入使用，产生效益。因此，任何项目都有时间的限制。

（三）有资金限制和经济性要求

任何一个项目，其投资方都不可能无限投入资金，为追求最大利益，他们总希望投入的越少越好，而产出的越多越好。项目只能在资金许可的范围内完成其项目所追求的目标。项目的功能要求包括建设规模、产量和效益等经济性要求。

（四）管理的复杂性和系统性

现代工程项目具有规模大、投资高、范围广和建设周期长等特点，其专业的组成协作单位众多，建设地点、人员和环境不断变化，加之项目管理组织是临时性的组织，大大增加了工程项目管理的复杂性。因此，要把项目建设好，就必须采用系统的理论和方法，根据具体的对象，把松散的组织、人员、单位组成有机的整体，在不同的限制条件下，圆满完成项目的建设目标。

（五）特殊的组织和法律条件

项目管理组织不同于企业组织，由项目的一次性决定了项目管理组织是一个临时性的组织，随项目的产生而产生，随项目的消亡而结束，并伴随项目建设过程的变化，项目管理组织的人员和功能也发生变化，是一个具有弹性的组织。

工程项目不同于一般的项目，它对广大人民群众的生命财产影响巨大。因此，国家针对工程项目，制定了专门的法律条文，如《中华人民共和国建筑法》（以下简称《建筑法》）、《中华人民共和国合同法》（以下简称《合同法》）、《中华人民共和国招标投标法》（以下简称《招标投标法》）、《中华人民共和国环境保护法》（以下简称《环境保护法》）和《建设工程质量管理条例》等。

第二节　工程建设项目管理概述

一、工程项目管理

工程项目管理是项目管理的一大类，其管理的对象主要是建设工程。工程项目管理的内涵是：自项目开始至项目完成，通过项目策划和项目控制，以使项目的费用目标、进度目标和质量目标得以实现。

自项目开始至项目完成指的是项目的实施期；项目策划指的是目标控制前的系列筹划和准备工作；费用目标对业主而言是投资目标，对施工方而言是成本目标。工程项目管理的核心任务是项目的目标控制。

按建设工程生产组织的特点，一个项目往往由许多参与单位承担不同的建设任务，而各参与单位的工作性质、工作任务和利益不同，就形成不同类型的项目管理。

根据建设工程项目参与方的工作性质和组织特征划分，工程项目管理可分为业主方的项目管理、工程咨询方的项目管理、设计方的项目管理、施工方的项目管理、供货方的项目管理、建设项目总承包方的项目管理。其中，业主方是建设工程项目生产过程的总组织者，业主方的项目管理是管理的核心。

工程项目管理的三大基本目标是投资（成本）目标、质量目标、进度目标。它们是对立统一的关系。要提高质量，就必须增加投资，而赶工不可能获得好的工程质量；而且，要加快施工速度，也必须增加投入。工程项目管理的目的就是在保证质量的前提下，加快施工速度，降低工程造价。

工程项目管理的主要任务是安全管理、投资（成本）控制、进度控制、质量控制、合同管理、信息管理、组织和协调。其中安全管理是项目管理中最重要的任务，而投资（成本）控制、进度控制、质量控制和合同管理则主要涉及物质的利益。

二、项目利害关系者

项目利害关系者就是积极参与项目，或其利益因项目的实施或完成而受到积极或消极影响的个人和组织，他们会对项目的目标和结果施加影响。项目管理团队必须弄清楚谁是利害关系者，确定他们的要求和期望，然后根据他们的要求对项目的影响尽力加以管理，确保项目取得成功。

项目利害关系者在参与项目时的责任与权限大小变化很大，并且在项目生命期的不同阶段也会变化。项目利害关系者的责任与权限有时候是偶尔参与调查，有时候是全力赞助项目，包括提供财力与政治支持。例如，在千年虫软件更新项目中，管理者到很晚才认识到法律部门是重要的利害关系者，结果是必须在该项目要求说明书中添加许多内容，从而增加了大量文件任务。

项目利害关系者对于项目的影响，存在积极和消极的情况两种可能。积极的利害关系者通常是从项目的成功结果中获益者，而消极的利害关系者是从项目的成功中看到消极结果者。同样，忽视利害关系者的项目经理也会对项目的结果造成破坏性影响。

例如，从某工业发展项目中获益的某社区商界领袖人物，因为他们看到项目的成功会为社区带来经济利益而可能成为积极的利害关系者。相反，环境保护组织如果认为该项目损坏环境的话，就可能成为消极的利害关系者。对于积极的利害关系者，帮助项目成功就能够最好地实现其利益，如帮助项目取得必要的启动许可证。对于消极的利害关系者，阻碍项目建设就能较好地满足他们的利益。项目团队经常忽略消极利害关系者的利益，其后果是无法使项目取得成功。

项目经理必须管理利害关系者的期望，这可能是件颇有难度的事情，因为利害关系者的目标往往彼此相距甚远，甚至互相冲突。例如，要求添置新管理信息系统的部门经理可能希望费用低廉，系统设计师可能强调技术先进，而编程承包人关心的则是取得最大利润。又如，某电子公司负责研究工作的副总裁可能会把新产品的成功定义为达到当前最先进技术水平，负责制造的副总裁可能将其定义为世界第一流的生产工艺，而负责营销的副总裁可能主要关心产品有多少特殊性能。再如，房地产开发项目的建设单位其注意力可能集中于时间进度，当地政府机构可能希望尽可能增加税收收入，环保组织可能希望尽量减少对环境的不利影响，而附近居民则希望将此项目另移他处。

三、项目管理的基本内容

（一）定义阶段

项目管理者的首要任务是定义在其职责范围内要做的工作，在项目管理中也是如此。对于项目管理者来说，项目定义往往是项目管理过程最初的也是十分重要的一个阶段。因为在此时，项目管理的要求者（项目发起人或建设单位）与项目管理者要就项目的一些重要方面达成一致。好的项目定义需要明确五方面重要的内容，分别如下。

①项目是在什么问题或机会情况下被提出来的。

②项目的目的是什么。

③为实现这一目的，需要完成哪些相应的目标。

④如何确认项目的完成是成功的。

⑤是否存在可能影响项目成功的条件、风险和障碍等。

定义阶段还需确立项目的范围，由于种种原因，项目的范围常常会发生变更，有时甚至达到项目管理者无法接受的地步。我们把这些变更称为"范围变更"，这也正是当今组织的一种生存方式。它是项目管理者的"天敌"。然而，如果希望项目成功，就必须有效地对待它。项目管理者必须针对项目变更而产生的其他方案和结果对"范围变更"做出反应，好的项目管理者会有一套正式的变更管理程序。

（二）计划阶段

项目计划是绝对必要的。它不仅是相当于一项告诉人们工作应该如何去做的指南，而且也是一种进行决策的工具。一个完整的计划会清楚地说明将要做什么、如何去做、由谁来做、在何时做、将在什么地方做、将需要什么资源和花费多少资金。项目计划也要提出项目完成和成功必须满足的标准。

计划可以降低不确定性。我们并不期待项目工作像我们计划的那样精确地发生，已计划了的工作使我们可以考虑到可能的结果并在适当的时候采取必要的纠正行动。

计划可以提高效率。当定义了要做的工作和完成工作所需的资源后，就可以根据资源安排进度计划，也可以平行安排工作进度而不一定顺序安排，这样就可以最大程度地利用资源，也能比其他方式花更少的时间完成项目工作。

制订计划也会使我们更好地理解项目的目的和目标，即使不使用计划，也会从计划中获益，计划还为实际完成的工作与计划的工作之间的对比评价提供一个基础。

（三）执行阶段

执行项目计划，除了组织好项目管理人员外，还包括确定完成计划规定工作所需资源（包括人力、材料和资金），根据进度计划安排工人完成他们各自的任务，安排活动的开始与结束时间等。

（四）项目控制

项目规定了将要做什么、何时做、谁去做以及希望交付出什么，但是无论项目班子在计划时如何投入，项目工作也不会完全按照计划进行，而且有时进度计划会落空，这就是项目管理的现实。在任何情况下，项目经理都必须用一套系统来不间断地监督项目的进展以掌握实际情况与计划的出入，再对项目未来加以预测并重新计划，对可能的问题做出预警。问题分析程序和一套正式的变更管理程序是实施有效项目控制的基础。

（五）项目结束

结束阶段是非常重要的，但其经常被管理者忽略。在每个项目结束的时候，都有以下几个问题需要注意。

①项目是否按它的要求者所要求的那样做的。

②项目是否按项目经理要求的那样做的。

③项目班子是否根据计划完成项目的。

④获得了哪些有助于今后项目的信息。

⑤项目管理方法起到的作用，项目班子合作得如何。

也就是说，结束阶段需要对所做的工作进行评价并为今后的项目提供历史信息。由于这一阶段的工作通常被认为会多出一笔间接费用，因而很多时候都被忽略了。

四、项目生命期

项目经理或项目组织可以把任一个项目划分成若干个阶段，以便有效地进行管理控制，并与执行组织的日常运作联系起来。这些项目阶段合在一起称为项目生命期。有许多组织设计出一套具体的项目生命期供其所拥有的项目使用。

（一）项目阶段的特征

1. 以可交付成果的完成为标志

每个项目阶段都以一个或数个可交付成果的完成为标志，可交付成果是某种有形的、可验证的工作成果，如技术规定说明书、可行性研究报告、详细设计文件，也可以是工作所完成的样品，某些可交付成果可能对应着项目的管理过程，而另外一些则是该项目构思时设想的最终产品或产品的组成部分。项目的可交付成果以及相应的各阶段一般是为保证恰当地控制项目，或是获得希望的产品或服务，即实现项目目标而设计的某一按顺序首位衔接的过程中的一部分。

项目阶段的结束通常以对完成的工作与可交付成果的审查为标志，目的是确定是否验收，是否仍然需要增加工作，或者是否考虑结束这一阶段，经常要举行管理层审查，以便决定在不结束当前阶段的条件下开始下一阶段的活动，如当项目经理将"快速跟进"选为行动步骤时，即为如此。某信息技术公司选择可同时进行的多项目阶段的重复生命期也是这种例子：在收集、分析客户对一个模块的要求和设计与制作这一模块的同时，开始对第二个模块进行分析，并平行地开始收集和分析客户对第三个模块的要求。

同样，在未决定是否启动任何其他阶段时，也可以结束项目正在进行的阶段。例如，当项目已经完成或者认为风险太大，不允许项目继续下去时，即可结束。

2. 阶段可细分为子阶段

任何具体的项目，由于规模、复杂程度、风险水平和现金流制约等方面的原因，阶段可以进一步划分为子阶段。为了便于监控，每一个子阶段都要与一个或多个具体的可交付成果联系起来。这些子阶段的大多数可交付成果都与主阶段的可交付成果相联系；项目阶段一般都根据这些阶段的可交付成果命名：要求说明书、设计、建造、试验、试车、交接和其他等，视具体情况而定。

3. 阶段应有正式启动的形式

阶段的正式完成不包括核准随后的阶段，为了有效地控制，每一阶段都要正式启动，都要根据该阶段的具体情况提交该阶段所允许的要求及对预期事项的要求。阶段末可以进行一次审查，目的是取得对结束当前阶段并启动下一阶段的核准。阶段末的审查也称为阶段放行口、阶段关卡或验收站，阶段末进行审查的可交付成果文件可以是下一阶段正式启动的要求文件。

（二）项目生命期的特点

项目生命期确定了将项目的开始和结束连接起来的阶段。例如，当某个组织发现一个可以考虑和利用的机会时，它通常会责成有关人员进行可行性研究，以决定该项目是否值得立项。项目生命期的定义有助于项目经理弄清是否应将该项可行性研究视为项目的第一个阶段，或者将该项可行性研究当作一个单独的项目。当这种初步努力的结果无法识别清楚时，最好将它当作单独的项目进行处理。

从项目生命期的一个阶段转到另一个阶段一般会涉及某种形式的技术交接，这种阶段转移通常也由这种技术交接确定。前一阶段产生的可交付成果通常要准确和是否通过已经完成的审查，在验收之后才能开始下一阶段的工作。当然，如果希望后一阶段在前一阶段可交付成果通过验收之前开始，就需对其所涉及的风险进行评估，并认为是可行的，方能转移。这种把正常情况下按照先后顺序完成的阶段进行重叠的做法是应用"快速跟进"进度压缩技术的一个例子。

目前对项目生命期的确定没有唯一的方法。某些项目组织的既定方针是用一个项目生命期作为标准的方式处理所有的项目，而另外一些项目组织则允许项目管理团队为其管理的项目选择最适合的项目生命期。另外，行业的通用做法经常造成本行业内部使用某种约定俗成的项目生命期。

项目生命期的定义还将确定项目开始到结束时的哪些过渡行动应包括在项目范围之内，哪些则不应包括在内。这样，就可以用项目生命期的定义把项目和项目执行组织持续的日常运作联系在一起。

对项目生命期进行定义时，通常要考虑的内容是：项目的各个阶段应当从事何种技术工作；项目各阶段可交付成果应何时生成，以及如何审查、核实和确认；项目各阶段有哪些人员参与；如何控制和批准项目各个阶段。

对项目生命期的描述可以十分笼统，也可以非常详细。非常详细的描述可以包括许多表格、图表和核对表，使其条理清楚，便于控制。

大多数项目的生命期具有若干共同点。

①项目阶段一般按顺序首位衔接，通常根据某种形式的技术信息传递或技术部件交接来确定。

②人力投入和费用。项目开始时投入低，随后增高，在项目接近收尾时迅速降低。

③项目开始时，成功地完成项目的可能性最低，因此风险和不确定性最高；随着项目继续执行，成功地完成项目的可能性通常都逐渐上升。

④项目开始时，项目利害关系者对项目产品最后特点和项目最后费用的影响力最强，而随着项目的进展，这种影响逐步减弱。造成这种现象的主要原因是，随着项目的进展，变更计划和纠正错误的代价通常与日俱增。

尽管许多项目生命期具有彼此相似的阶段名称，所要求的可交付成果名称也极其相似，但其内容绝少雷同。某些项目有 4 个或 5 个阶段，但有一些项目可多达 9 个阶段以上。即使在某单一应用领域内，也会有很大区别，如一个组织的软件开发生命期可能只有一个设计阶段，而另一个组织却可能将其分为功能设计和详细设计两个单独的阶段。

项目内的子项目也可以有明显的项目生命期。例如，一家建筑师事务所受委托为建设单位设计新办公楼并参与咨询管理时，先在设计时参与了建设单位的设计要求制定阶段，随后又在协助施工时参与了建设单位的实施阶段。但建筑师本身的设计项目也有自己的一系列阶段，包括项目构思、要求的制定、图纸设计直至项目收尾。这位建筑师甚至可以把办公楼的设计和对施工的协助视为两个不同的阶段，并分别包括各自的明显阶段。

（三）项目生命期与产品生命期的区别

许多项目都与执行组织的日常连续运作相联系，某些组织仅在完成可行性研究、制订出初步计划或进行某种其他类似形式的分析之后，才正式批准项目。在这种情况下，这些前期工作采取了与项目相分离的单独运作的形式。

激发项目的推动力量一般叫作问题、机会或经营要求。为了将项目与执行组织的日常连续运作联系起来，项目生命期的确定还会在项目结束时，识别哪些过渡工作是否要列入项目的范围。把新产品交付正式生产或把新计算机软件交付上市，就是这种情况的例子。

应该注意，必须把项目的生命期和产品的生命期区分开来。例如，向市场推出一种新型台式计算机的项目仅仅是其产品生命期的一个方面。

第三节　工程建设项目的前期决策

一、项目构思的提出

工程项目的构思是工程项目建设的基本构想，是项目策划的初始步骤。项目构思产生的原因很多。不同性质的工程项目，构思产生的原因也不尽相同。例如，工业型项目的构思是可能发现了新的投资机会，而城市交通基础设施建设项目的构思的产生一般是为了满足城市交通的需要。总之项目构思的产生一般出于以下几种情况。

①企业发展的需要。任何工程项目构思基本上都是出于企业自身生存和发展的需要，为了获得更好的投资收益而形成的。企业要生存和发展，就必须通过不断地扩大再生产来降低生产成本，扩大市场占有率，从而取得更多的投资收益，这是企业投资建设项目的主要原因。

②城市、区域和国家发展的需要。任何城市、区域和国家在发展过程中都离不开建设，建设是发展的前提。某些工程项目构思的产生是与城市的建设和发展密切相关的。这些项目构思的产生都需要与国民经济发展计划、区域和流域发展规划、城市发展战略规划相一致。

③其他情况。除了上述两种情况下产生的项目构思以外，还有一些构思是处于某些特殊情况下而形成的。例如，出于军事的需要产生的项目构思等。

项目的构思方法主要是一般机会研究和特定机会研究，研究的目的是实现上层系统的战略目标。

一般机会研究是一种全方位的搜索过程，需要大量的收集、整理和分析，包括地区研究、部门研究和主要研究等。

特定机会研究是市场研究、项目意向的外部环境研究。项目承办者优劣势分析。构思的选择首先要考察项目的构思是否具有现实性，即是否是可以实现的，如果是建空中楼阁，尽管设想很好，也必须删除；其次还要考虑项目是否符合法律法规的要求，如果项目的构思违背了法律法规的要求，则必须剔除。最后项目构思的选择需要考虑项目的背景和环境条件，并结合自身的能力，来选择最佳的项目构思。项目构思选择的结果可以是某个构思，也可以是几个不同构思的组合。当项目的构思经过研究认为是可行的、合理的，在有关权力部门的认可下，便可以在此基础上进行进步的工程项目。

二、项目的定位

项目的定位是指在项目构思的基础上，确定项目的性质、地位和影响力。

首先项目的定位要明确项目的性质。如同建一座机场，该机场是用于民航运输还是用于军事目的，其性质显然不同，因此决定了项目的建设目标和建设内容也会有所区别。

其次项目的定位要确定项目的地位。项目的地位可以是项目在企业发展中的地位，也可以是在城市和区域发展中的地位，或者是在国家发展中的地位。项目地位的确定应该与企业发展规划、城市和区域发展规划以及国家发展的规划紧密结合。在确定项目的地位时，应注意分别从政治、经济和社会等不同角度加以分析。某些项目虽然经济地位不高，但可能有着深远的政治意义。

最后项目的定位还要确定项目的影响力。项目定位的最终目的是明确项目建设的基本方针，确定项目建设的宗旨和方向。项目构思策划的关键环节，也是项目目标设计的前提条件。

三、工程项目管理规划

工程项目管理规划是施工企业为获得工程项目的施工权或在开工前对工程项目进行的前期策划。工程项目管理规划是对项目管理的各项工作进行的综合的、完整的、全面的总体计划。工程项目管理规划根据其编制的时间和作用的不同，可以分为两类。

一类是由施工企业管理层针对某个招标工程编制"项目管理规划大纲"，目的是获得工程的施工权，其内容如下。

①项目概况、项目实施条件分析。

②项目投标活动及签订施工合同的策略。

③项目管理目标、项目组织结构。

④质量目标和施工方案。

⑤工期目标和施工进度计划。

⑥成本目标。

⑦风险预测和安全目标。

⑧现场管理和施工平面图。

⑨投标和签订施工合同。

⑩文明施工及环境保护。

另一类是获得工程后，由项目经理组织编制项目管理实施规划，其内容如下。

①工程概况。

②施工部署、施工方案。

③施工进度计划。

④资源供应计划。

⑤施工准备工作计划。

⑥施工平面图。

⑦技术、组织措施计划。

⑧风险管理。

⑨信息管理。

⑩技术经济分析。

工程项目管理规划的结果都应形成文件，且必须存档。

第四节 工程建设项目管理体制

一、工程建设项目管理体制概述

我国现行的工程建设项目管理体制是在政府有关部门（主要是建设主管部门）的监督管理之下，由项目业主、承包商、监理单位直接参加的"三方"管理体制。

这种管理体制的建立是建设行业改革的结果，使得我国的工程建设项目管理体制与国际惯例更加接近。

二、工程建设项目的分标策划

（一）分标策划的重要性

一个项目的分标策划就是决定将整个项目任务分为多少个标段，以及如何划分这些标段。项目的分标方式，对承包商来说就是承包方式。项目分标方式的确定是项目实施的战略问题，对整个工程项目有重大影响。项目分标策划可以体现下列重要性。

①通过分标和项目任务的委托保证项目总目标的实现。项目的分标策划必须反映项目性质、特点和项目实施的战略，反映业主的经营方针和根本利益。

②分标策划决定了与业主签约的承包商的数量，决定着项目的组织结构及项目管理模式，从根本上决定合同各方面责任、权利和工作的划分，所以它对项目的实施过程和项目管理会产生根本性的影响。

③分标和合同是实施项目的手段。通过分标策划明确工程实施过程中各方面的关系，避免失误，保证整个项目目标的实现。

（二）分标策划的依据

①工程方面：工程的类型、规模、特点、技术复杂程度、工程质量要求、工期的限制、资金的限制、资源（人力、材料、设备等）的供应条件等。

②业主管理方面：业主的目标和实施战略，业主的管理水平和能力以及期望对工程管理的介入深度，业主对工程师和承包商的信任程度，业主的管理风格和对质量、工期的要求等。

③承包商选择方面：拟选择的承包商的能力、资信、企业规模、管理风格和水平、抗风险的能力、类似工程的经验等。

三、工程建设项目的政府监督

国务院建设行政主管部门对全国的建设工程实施统一监督管理。政府建设主管部门不直接参与工程项目的建设过程，而是通过法律和行政手段对项目的实施过程和相关活动实施监督管理。由于建筑产品所具有的特殊性，政府机构对工程建设项目实施过程的控制和管理比对其他行业的产品生产都严格，它贯穿项目实施的各个阶段。政府对工程建设项目的监督管理主要在工程项目和建设市场两个方面。

国务院铁路、交通、运输、水利等有关部门按国务院规定的职责分工，负责对全国有关专业建设工程进行监督管理。县级以上地方人民政府建设行政主管部门对本行政区域内的建设工程实施监督管理。县级以上地方人民政府交通、运输、水利等有关部门在各自职责范围内，负责本行政区域内的专业建设工程的监督管理。

国务院发展计划部门按照国务院规定的职责，组织稽查特派员，对国家出资的重大建设项目实施监督检查；国务院经济贸易主管部门按国务院规定的职责，对国家重大技术改造项目实施监督检查。国务院建设行政主管部门和国务院铁路、交通、水利等有关专业部门，县级以上地方人民政府建设行政主管部门和其他有关部门，对有关建设工程质量的法律、法规和强制性标准执行情况加强监督检查。

县级以上政府建设行政主管部门和其他有关部门履行检查职责时，有权要求被检查的单位提供有关工程质量的文件和资料，有权进入被检查单位的施工现场进行检查，在检查中发现工程质量存在问题时，有权责令改正。

政府的工程监督管理具有权威性、强制性和综合性的特点。

第五节　工程建设项目管理的重要性及其发展

一、工程建设项目管理的重要性

现代项目管理的发展与应用已经使项目管理的管理模式与理念具有更为广泛的影响，就像系统工程教给我们一种思考问题的方法一样，项目管理已经变成了一种系统做事的方法。

美国在 20 世纪 60 年代，只有航空、航天、国防和建筑工业采用项目管理，70 年代项目管理灵活地运用于企业管理的各项活动中，到 80 年代越来越多的中小企业已将项目管理灵活地运用于企业管理的各项活动中，到 80 年代末期项目管理已被公认为是一种有生命力并能实现复杂企业目标的良好方法。

这一切说明了项目管理给传统管理模式带来了变革和挑战，项目管理得到了前所未有的认可，并得以持续的发展和应用。

项目管理作为一种管理活动，其历史源远流长，自从人类开始进行有组织的活动，就一直在执行着各种规模的项目。在古代，人们就进行了许多项目管理方面的实践活动，如我国的长城、埃及的金字塔、古罗马的供水渠等这样不朽的伟大工程都是历史上古人运作大型复杂项目的范例。

工程领域的大量实践活动极大地推动了项目管理的发展，传统的项目和项目管理的概念主要起源于建筑业，这是由于传统的实践中建筑项目相对其他项目来说，组织实施过程表现得更复杂。随着社会进步和现代科技的发展，项目管理也不断地得以完善，同时项目管理的应用领域也不断扩充，现代项目与项目管理的真正发展可以说是大型国防工业发展所带来的必然结果。

众所周知，对于一个工程建设项目来说，特别是在大型复杂的工程建造中，各种专业之间不能很好地配合，缺乏协调和沟通，则材料的浪费、费用的超支以及工期的拖延是不可避免的，这就无法确保建设单位利益的正常实现。因此，实施有效的工程建设项目管理，把各种专业服务很好地融为一体，是任何一个工程建设项目不容忽视的问题。

尽管在完成同一工程建设项目上，各专业人员都发挥着各自的重要作用，但只有在真正理解了工程建设项目管理的意义并在自己的工作中贯彻了项目管理的思想之后，才能使得这些专业人员在提供专业服务和提高工作效率及目标控制方面能更加有效地满足建设单位所提出的要求，因此，各专业服务都在进行着相应的项目管理。

二、工程建设项目管理的发展

（一）工程建设项目管理的出现

20 世纪四五十年代，由于第二次世界大战的推动，项目管理主要应用于国防和军工项目。例如，美国把研制第一颗原子弹的任务作为一个项目来管理，命名"曼哈顿计划"。美国退伍将军莱斯利·格罗夫斯在后来写的回忆录《现在可以说了》中详细记载了这个项目的始末。

20 世纪 50 年代后期到 60 年代，美国出现了关键线路法（CPM）和计划评审制度（PERT），项目管理的突破性成就出现在这个时期。

20 世纪 70 年代项目管理在新产品开发领域中扩展到了中小企业，到了 70 年代后期和 80 年代，越来越多的中小企业也开始引入项目管理，将其灵活地运用于企业管理的各项活动中，项目管理技术及其方法也在此过程中逐步发展和完善。此时，项目管理已经被公认为一种有生命力并能实现复杂企业目标的良好方法。

20世纪90年代以后，随着信息时代的来临和高新技术产业的飞速发展，项目的特点也发生了巨大变化，管理人员发现许多在制造业经济下建立的管理办法，到了信息经济时代已经不大适用。制造业经济环境下，强调的是预测能力和重复性活动，管理的重点很大程度上在于制造过程的合理性和标准化。而在信息经济环境里，事务的独特性取代了重复性过程，信息本身也是动态的、不断变化的。灵活性成了新秩序的代名词。人们很快发现实行项目管理恰恰是实现灵活性的关键手段，还发现项目管理在运作方式上最大程度地利用了内外资源，从根本上改善了中层管理人员的工作效率。于是纷纷采用这一管理模式，并成为企业重要的管理手段。经过长期探索总结，现代项目管理逐步发展成为独立的学科体系，成为现代管理学的重要分支。

从业主的角度所进行的工程建设项目管理最早出现在英国、美国等国家。以前，代表业主的工程建设项目管理工作是由建筑师、结构工程师等专业人士在自己专业工作之外同时完成的。然而，随着工程建设项目规模的日趋扩大，专业分工越来越细，协作单位越来越多，对工程建设项目进行的全方位综合管理的要求也越来越高，一些建筑学或结构方面的专业人员已不能有效地管理、协调工程建设的规划、设计、建造等全过程。因此，有必要设立一个对建设全过程进行有效管理的新的专业和职业。在这种情况下，代表业主的工程建设项目管理在英国、美国等国家于20世纪70年代出现。1988年英国皇家特许建造学会（CIOB）出版发行的《工程建设项目管理》一书中，代表业主的工程建设项目管理被定义为："对一个建设工程项目从开始到结束所进行的全方位的计划、控制和协调，以满足业主的要求，保证工程按时保质并在规定的预算内完成。"

代表业主的项目管理出现后很快被一些业主采用，它的蓬勃发展在英国引起了巨大的反响。著名的"LATHAM"报告（1994年）提到，通过业主的工程建设项目管理，可以更好地改进整个工程建设项目的管理，从而更好地确保业主的利益，英国的新工程合同的建造合同中，将设计与管理的职能明确地分开了，即设计师负责设计，而代表业主的工程建设项目管理人员负责整个项目包括设计、建造在内的全过程管理。英国建设部于1998年出版的《建筑生产反思》一书中，代表业主的工程建设项目管理人员被认为是整个建设项目的关键人物。

在当今国际建筑市场上，代表业主的工程建设项目管理正在成为一个日益受到重视和迅速发展的领域。在英国，代表业主的工程建设项目管理这一职业资格也被列入了英国国家职业资格体系的最高级，许多建筑业的从业人员，包括建筑商、建筑师、结构工程师、测量师等，都积极地申请该职业资格。英国政府为此制定了《英国业主项目管理职业资格标准》，英国皇家特许建造学会还正式出版了《英国业主项目管理手册》。

（二）工程建设项目管理的现状

项目管理作为一门学科和一种特定的管理方法最早出现于美国，它是伴随着实施和管理大型项目的需要而产生的。当时，大型的建设项目、复杂的科研项目、军事项目和航天项目的出现，使人们认识到，由于项目的一次性和约束条件的不确定性，要取得成功，就必须加强项目管理，引进科学的管理思想、理论和方法，于是，项目管理作为一门科学而出现。

工程建设项目管理的产生也是由于工程建设项目生产过程的特殊性、复杂性所致。尽管工程建设项目管理与项目管理具有紧密的联系，但由于被管理对象——工程建设项目的一系列特征，如工程建设项目的规模大、投资高、工期长、产品固定、生产流动、受外界影响大、参与方多等特点，使得相应的项目管理有其特定的内容。

我国进行工程建设项目管理的实践活动源远流长，至今已有两千多年的历史，我国许多伟大的工程，如都江堰水利工程、宋朝丁渭修复皇宫工程、北京故宫工程等都是有名的工程建设项目管理做得好的项目，其中许多方面应用了科学的思想和组织方法，反映了我国工程建设项目管理的思想。

中华人民共和国成立以来，随着我国经济发展的需要，建设事业得到了迅猛的发展，许多大规模的工程建设项目管理实践活动都取得了成功，如大庆油田、南京长江大桥、三峡、国家体育场、上海世博会等工程。

然而，我国长期以来的工程建设项目管理实践活动并没有系统地上升为工程建设项目管理理论和科学，相反，在计划经济管理体制的影响下，项目管理的重要性被忽视，许多做法违背了经济规律和科学道理，如违背项目建设程序、行政长官意志严重、不按合同进行管理、忽视项目协调的重要性、项目管理专业业务水平低等。因此，长期以来，我国在工程建设项目管理理论方面缺乏系统性，按照工程建设项目管理模式进行建设的实践更是少有。

20世纪80年代初，我国开始接触工程建设项目管理方法。1984年前后，工程建设项目管理理论从西德和日本分别引进我国。之后，其他发达国家或组织，特别是美国和世界银行的项目管理理论和实践经验随着文化交流与项目建设，陆续传入我国。近年来，我国在工程建设项目管理的理论方面展开了较深入的研究和实践，并在不断地发展和完善之中。在我国，项目管理学科专业化的进程正在加大，建设部（现为住房和城乡建设部）正在推进面向建设单位的全过程工程建设项目管理咨询服务和以设计施工一体化的总承包管理模式；国家发展和改革委员会正在试行和倡导建设项目代建制，提出代理建设单位管理工程建设的"交钥匙"型项目管理。

教育部高等教育工程管理本科设置项目管理专业方向和国务院学位办设置项目管理专业工程硕士学位，加强了项目管理人才的培养。国家一级建造师、监理工程师等注册资格考试，美国项目管理协会（PM）在中国的 PMP 认证考试，国家投资建设项目管理师的认证考试等以项目管理的知识与能力作为重要的考核内容，推进了对项目管理知识体系的认识与运用。

《建设工程项目管理规范》（GB/T 50326—2017）适用于新建、扩建、改建等建设工程的有关各方（建设、设计、监理、施工、工程咨询、招标代理、总承包等建设行为主体单位）的项目管理。《建设项目工程总承包管理规范》（GB/T 50358—2017）进一步针对工程设计施工总承包模式条件下的项目管理做出了规定，这些规范性成果标志着我国的项目管理在理论和运用上的成熟。

（三）工程建设项目管理的发展前景

经过 20 余年的实践，工程建设项目管理在工程建设中的地位和作用已在国内得到了广泛的共识。工程建设项目管理作为一门科学，将随着社会、经济的发展而不断完善和发展；作为一种管理组织模式，它在工程建设项目中将会得到更加广泛的应用和推广。中国和欧盟在中欧智力援助协议中明确要求欧盟派专家指导，加速中国政府和企业的项目化管理进程，标志着我国政府非常重视项目管理。项目管理已成为美国政府和企业的主流管理模式，项目管理的能力和水平将成为新经济时代的核心竞争力。《时代》周刊认为，项目管理是 21 世纪最具前景的"黄金职业"。

第二章　工程建设项目监理

本章主要介绍建设工程监理的主要内容、项目监理的实施和发展，以及相关的法律法规。通过了解，使读者能够对建设工程监理的基本概念及其任务与工作内容等有一定的了解。

第一节　建设工程监理的主要内容

一、建设工程监理制度产生的背景

从中华人民共和国成立至 20 世纪 80 年代，我国固定资产投资基本上是由国家统一安排计划（包括具体的项目计划），由国家统一财政拨款。在我国当时经济基础薄弱、建设投资和物资短缺的条件下，这种方式对于国家集中有限的财力、物力、人力进行经济建设，迅速建立我国的工业体系和国民经济体系起到了积极作用。

当时，我国建设工程的管理基本上采用两种形式：对于一般建设工程，由建设单位自己组成筹建机构，自行管理；对于重大建设工程，则从与该工程相关的单位抽调人员组成工程建设指挥部，由指挥部进行管理。因为建设单位无须承担经济风险，这两种管理形式得以长期存在，但其弊端是不言而喻的。由于这两种形式都是针对一个特定的建设工程临时组建的管理机构，相当一部分人员不具有建设工程管理的知识和经验，因此，他们只能在工作实践中摸索。而一旦工程建成投入使用，原有的工程管理机构和人员就解散，当有新的建设工程时再重新组建。这样，建设工程管理的经验不断升华，用来指导今后的工程建设，而教训却不断重复发生，使我国建设工程管理水平长期处于低水平状态，难以提高。投资"三超"（概算超估算、预算超概算、结算超预算）、工期延长的现象较为普遍。工程建设领域存在的上述问题受到政府和有关单位的重视。

20 世纪 80 年代我国进入了改革开放的新时期，国务院决定在基本建设和建筑业领域采取一些重大的改革措施，如投资有偿使用（即"拨改贷"）、投资包干责任制、投资主体多元化、工程招标投标制等。在这种情况下，改革传统的建设工程管理形式，已经势在必行。否则，难以适应我国经济发展和改革开放新形势的要求。

通过对我国几十年建设工程管理实践的反思和总结，并对国外工程管理制度与管理方法进行了考察，我们认识到建设单位的工程项目管理是一项专门的学问，需要一大批专门的机构和人才，建设单位的工程项目管理应当走专业化、社会化的道路。在此基础上，建设部于1988年发布了《关于开展建设监理工作的通知》，明确提出要建立建设监理制度。建设监理制度作为工程建设领域的一项改革举措，旨在改变陈旧的工程管理模式，建立专业化、社会化的建设监理机构，协助建设单位做好项目管理工作，以提高建设水平和投资效益。

建设工程监理制度于1988年开始试点，5年后逐步推行，1997年《建筑法》以法律制度的形式做出规定，国家推行建设工程监理制度，从而使建设工程监理在全国范围内进入全面推行阶段。

二、建设工程监理的概念

（一）定义

建设工程监理，是指具有相应资质的工程监理企业，接受建设单位的委托，承担其项目管理工作，并代表建设单位对施工单位的建设行为进行监督管理的专业化服务活动。

工程监理企业是指取得企业法人营业执照，具有监理资质证书的依法从事建设工程监理业务活动的经济组织。

建设单位，也称为项目法人，是委托监理的一方。建设单位在工程建设中拥有确定建设工程规模、标准、功能以及选择勘察、设计、施工、监理单位等工程建设中重大问题的决定权。

（二）监理概念的要点

1.建设工程监理的行为主体

《建筑法》明确规定，实行监理的建设工程，由建设单位委托具有相应资质条件的工程监理企业实施监理。建设工程监理只能由具有相应资质的工程监理企业来开展，建设工程监理的行为主体是工程监理企业，这是我国建设工程监理制度的一项重要规定。

建设工程监理不同于建设行政主管部门的监督管理。后者的行为主体是政府部门，它具有明显的强制性，是行政性的监督管理，其任务、职责、内容不同于建设工程监理。同样，总承包单位对分包单位的监督管理也不能视为建设工程监理。

2. 建设工程监理实施的前提

《建筑法》明确规定，建设单位与其委托的工程监理企业应当订立书面建设工程委托监理合同。也就是说，建设工程监理的实施需要建设单位的委托和授权。工程监理企业应根据委托监理合同和有关建设工程合同的规定实施监理。

建设工程监理只有在建设单位委托的情况下才能进行。只有与建设单位订立书面委托监理合同，明确了监理的范围、内容、权利、义务、责任等，工程监理企业才能在规定的范围内行使管理权，合法地开展建设工程监理。工程监理企业在委托监理的过程中拥有一定的管理权限，能够开展管理活动，是建设单位授权的结果。

承建单位根据法律、法规的规定和它与建设单位签订的有关建设工程合同的规定接受工程监理企业对其建设行为进行的监督管理，接受并配合监理是其履行合同的一种行为，工程监理企业对哪些单位的、哪些建设行为实施监理要根据有关建设工程合同的规定来进行。例如，仅委托施工阶段监理的工程，工程监理企业只能根据委托监理合同和施工合同对施工行为实行监理。而在委托全过程监理的工程中，工程监理企业则可以根据委托监理合同以及勘察合同、设计合同、施工合同对勘察单位、设计单位和施工单位的建设行为实行监理。

3. 建设工程监理的依据

建设工程监理的依据包括：工程建设文件，有关的法律、法规、规章和标准、规范，建设工程委托监理合同和有关的建设工程合同。

①工程建设文件。工程建设文件主要包括批准的可行性研究报告、建设项目选址意见书、建设用地规划许可证、建设工程规划许可证、批准的施工图设计文件、施工许可证等。

②有关的法律、法规、规章和标准、规范。其主要包括《建筑法》《合同法》《招标投标法》《建设工程质量管理条例》等法律法规，《工程建设监理规定》等部门规章，以及地方性法规等，也包括《工程建设标准强制性条文》《建设工程监理规范》以及有关的工程技术标准、规范等。

③建设工程委托监理合同和有关的建设工程合同。工程监理企业应当根据下述两类合同进行监理：一是工程监理企业与建设单位签订的建设工程委

托监理合同；二是建设单位与承建单位签订的建设工程合同。

4. 建设工程监理的范围

建设工程监理的范围可以分为监理的工程范围和监理的建设阶段范围。

（1）工程范围

为了有效发挥建设工程监理的作用，加大推行监理的力度，根据《建筑法》，以及国务院公布的《建设工程质量管理条例》对实行强制性监理的工程范围做了原则性的规定，2001 年建设部颁布了《建设工程监理范围和规模标准规定》，规定了必须实行监理的建设工程项目的具体范围和规模标准。

下列建设工程项目必须实行监理。

①国家重点建设工程：依据《国家重点建设项目管理办法》所确定的对国民经济和社会发展有重大影响的骨干项目。

②大中型公用事业工程：项目总投资额在 3000 万元以上的供水、供电、供气、供热等市政工程项目；科技、教育、文化等项目；体育、旅游、商业等项目；卫生、社会福利等项目；其他公用事业项目。

③成片开发建设的住宅小区工程：建筑面积在 5 万 m^2 以上的住宅建设工程。

④利用外国政府或者国际组织贷款、援助资金的工程：包括使用世界银行、亚洲开发银行等国际组织贷款资金的项目；使用国外政府及其机构贷款资金的项目；使用国际组织或者国外政府援助资金的项目。

⑤国家规定必须实行监理的其他工程：项目总投资额在 3000 万元以上关系社会公共利益、公众安全的交通运输、水利建设、生态环境保护、信息产业、能源等基础设施项目；学校、影剧院、体育场馆项目。

建设工程监理范围不宜无限扩大，否则会造成监理力量与监理任务严重失衡，使得监理工作难以到位，保证不了建设工程监理的质量和效果。从长远来看，随着投资体制的不断深化改革，投资主体日益多元化，对所有建设工程都实行强制监理的做法，既与市场经济的要求不相适应，也不利于建设工程监理行业的健康发展。

（2）建设阶段范围

建设工程监理可以适用于工程建设投资决策阶段和实施阶段，但目前主要是建设工程施工阶段。

在建设工程施工阶段，建设单位、勘察单位、设计单位、施工单位和工程监理企业等工程建设的各类行为主体均出现在建设工程当中，形成了一个完整的建设工程组织体系。在这个阶段，建设市场的发包体系、承包体系、管理服务体系的各主体在建设工程中会合,由建设单位、勘察单位、设计单位、施工单位和工程监理企业各自承担工程建设的责任和义务,最终将建设工程建成并投入使用。在施工阶段委托监理,其目的是更有效地发挥监理的规划、控制、协调作用,为在计划目标内建成工程提供最好的管理。

三、建设工程监理的性质

《工程建设监理规定》:"监理单位是建筑市场的主体之一,建设监理是一种高智能的有偿技术服务。"在国际上把这类服务归为工程咨询(工程顾问)服务。

《建筑法》规定:"工程监理单位不按照委托监理合同的约定履行监理义务,对应当监督检查的项目不检查或者不按照规定检查,给建设单位造成损失的,应当承担相应的赔偿责任。工程监理单位与承包单位串通,为承包单位谋取非法利益,给建设单位造成损失的,应当与承包单位承担连带赔偿责任。"

(一)服务性

建设工程监理是一种高智能、有偿的技术服务活动。它是监理人员利用自己的工程建设知识、技能和经验为建设单位提供的管理服务。它既不同于承建商的直接生产活动,也不同于建设单位的直接投资活动,它不向建设单位承包工程造价,不参与承包单位的利益分成,获得的是技术服务性的报酬。建设工程监理的服务客体是建设单位的工程项目,服务对象是建设单位。这种服务性的活动是严格按照监理合同和其他有关工程建设合同来实施的,是受法律约束和保护的。

(二)科学性

建设工程监理应当遵循科学性准则。监理的科学性体现为其工作的内涵,是为工程管理与工程技术提供知识的服务。监理的任务决定了它应当采用科学的思想、理论、方法和手段;监理的社会化、专业化特点要求监理单位按照高智能原则组建;监理的服务性质决定了它应当提供科技含量高的管理服务;建设工程监理维护社会公众利益和国家利益的使命决定了它必须提供科学性服务。按照建设工程监理科学性要求,监理单位应当拥有足够数量的、业务素质合格的监理工程师,要有一个科学的管理制度,要掌握先进的监理理论、方法,要积累足够的技术、经济资料和数据,要拥有现代化的监理手段。

（三）公正性

监理单位不仅是为建设单位提供技术服务的一方，它还应当成为建设单位与承建商之间的公正的第三方。在任何时候，监理方都应依据国家法律、法规、技术标准、规范、规程和合同文件，站在公正的立场上进行判断、证明和行使自己的处理权，要维护建设单位和不损害被监理单位双方的合法权益。

（四）独立性

从事建设工程监理活动的监理单位是直接参与工程项目建设的"三方当事人"之一，它与项目建设单位、承建商之间是一种平等的主体关系。监理单位是作为独立的专业公司根据监理合同履行自己权利和义务的服务方，为维护监理的公正性，它应当按照独立自主的原则开展监理活动。在监理过程中，监理单位要建立自己的组织，要确定自己的工作准则，要运用自己的理论、方法、手段，根据监理合同和自己的判断，独立地开展工作。

四、建设工程监理的作用

建设单位的工程项目实行专业化、社会化管理在国外已有 100 多年的历史，在提高投资的经济效益方面发挥了重要作用。我国实施建设工程监理的时间虽然不长，但已经发挥出明显的作用，为政府和社会所承认。建设工程监理的作用主要表现在以下几方面。

（一）有利于提高建设工程投资决策科学化水平

在建设单位委托工程监理企业实施全方位全过程监理的条件下，在建设单位有了初步的项目投资意向之后，工程监理企业可协助建设单位选择适当的工程咨询机构，管理工程咨询合同的实施，并对咨询结果（如项目建议书、可行性研究报告）进行评估，提出有价值的修改意见和建议；或者直接从事工程咨询工作，为建设单位提供建设方案，这样不仅可以使项目投资符合国家经济发展规划、产业政策、投资方向，而且可以使项目投资更加符合市场需求。工程监理企业参与或承担项目决策阶段的监理工作，有利于提高项目投资决策的科学化水平，避免项目投资决策失误，也为实现建设工程投资综合效益最大化打下了良好的基础。

（二）有利于规范工程建设参与各方的建设行为

工程建设参与各方的建设行为都应当符合法律、法规、规章和市场准则。要做到这点仅依靠自律机制远远不够，还需要建立有效的约束机制。为此，需要政府对工程建设参与各方的建设行为进行全面的监督管理，这是最基本的约束，也是政府的主要职能，但是，由于客观条件所限，政府的监督管理不可能深入每一项建设工程的实施过程中，因而，还需要建立其他约束机制，能在建设工程实施过程中对工程建设参与各方的建设行为进行约束。建设工程监理制就是这样一种约束机制。

在建设工程实施过程中，工程监理企业可依据委托监理合同和有关的建设工程合同对承建单位的建设行为进行监督管理。由于这种约束机制贯穿工程建设的全过程，采用事前、事中和事后控制相结合的方式，可以有效地规范各承建单位的建设行为，最大程度地避免不当建设行为的发生。即使出现不当的建设行为，也可以及时加以制止，最大程度地减少其不良后果。另外，由于建设单位不了解建设工程有关的法律、法规、规章、管理程序和市场行为准则，也可能发生不当建设行为。在这种情况下，工程监理单位可以向建设单位提出适当的建议，从而避免发生建设单位的不当建设行为，这对规范建设单位的建设行为也可起到一定的约束作用。

当然，要发挥上述约束作用，工程监理企业必须规范自身的行为，并接受政府的监督管理。

（三）有利于促使承建单位保证建设工程质量和使用安全

建设工程是一种特殊的产品，不仅价值大、使用寿命长，而且还关系到人民的生命财产安全、健康和环境。因此，保证建设工程质量和使用安全就显得尤为重要，不允许有丝毫的懈怠和疏忽。

工程监理企业对承建单位建设行为的监督管理，实际上是从产品需求者的角度对建设工程生产过程的管理，这与产品生产者自身的管理有很大的不同。而工程监理企业又不同于建设工程的实际需求者，其监理人员都是既懂工程技术又懂经济管理的专业人士，他们有能力及时发现建设工程实施过程中出现的问题，发现工程材料、设备存在的问题，从而避免留下工程质量隐患。因此，实行建设工程监理制度后，在加强承建单位自身对工程质量管理的基础上，由工程监理企业介入建设工程生产过程的管理，对保证建设工程质量和使用安全有着重要作用。

（四）有利于实现建设工程投资效益最大化

建设工程投资效益最大化有以下三种不同表现。

①在满足建设工程预定功能和质量标准的前提下，建设投资额最小。

②在满足建设工程预定功能和质量标准的前提下，建设工程寿命周期费用（或全寿命费用）最少。

③建设工程本身的投资效益与环境、社会效益的综合效益最大化。实行建设工程监理制度后，工程监理企业一般都能协助建设单位实现上述建设工程投资效益最大化的第一种表现，也能在一定程度上实现上述第二种和第三种表现。随着建设工程寿命周期费用思想和综合效益理念被越来越多的建设单位接受，建设工程投资效益最大化的第二种和第三种表现的比例将越来越大，从而大大提高全社会的投资效益，促进我国国民经济的发展。

第二节　建设工程监理的实施

一、我国建设工程监理的实施原则

建设工程监理的实施应遵循以下原则。

（一）公平、独立、自主的原则

监理工程师在建设工程监理中必须尊重科学，尊重事实，组织各方协同配合，维护有关各方的合法利益，为此，必须坚持公正、独立、自主的原则。业主与承建单位虽然都是独立运行的经济主体，但他们追求的经济目标有差异，监理工程师应在按合同约定的权、责、利关系的基础上，协调双方的一致性。只有按合同的约定建成工程，业主才能实现投资的目的，承建单位也才能实现自己生产的价值，取得工程款并实现盈利。

（二）权责一致的原则

监理工程师承担的职责应与业主授予的权限相一致。监理工程师的监理职权，依赖于业主的授权。这种权力的授予，除体现在业主与监理单位之间签订的委托监理合同中，还应体现在业主与承建单位之间建设工程的合同中。因此，监理工程师在明确业主提出的监理目标和监理工作内容要求后，应与业主协商，明确相应的授权，达成共识后明确反映在委托监理合同及建设工程合同中。据此，监理工程师才能开展监理活动，总监理工程师及代表监理单位全面履行建设工程委托监理合同，承担合同中确定的监理方向业主方所承担的义务和责任。因此，在委托监理合同实施中，监理单位应给总监理工程师充分授权，体现权责一致的原则。

（三）总监理工程师负责制的原则

总监理工程师是工程监理全部工作的负责人。要建立和健全总监理工程师负责制，就要明确权、责、利关系，健全项目监理机构，具有科学的运行制度、现代化的管理手段，形成以总监理工程师为首的高效能的决策指挥体系。

总监理工程师负责制的内涵包括以下几点。

①总监理工程师是工程监理的责任主体。责任是总监理工程师负责的核心，它构成了对总监理工程师的工作压力与动力，也是确定总监理工程师权力和利益的依据。所以总监理工程师应是向业主和监理单位负责的承担者。

②总监理工程师是工程监理的权力主体。根据总监理工程师承担责任的要求，总监理工程师全面领导建设工程的监理工作，包括组建项目监理机构，主持编制建设工程监理规划，组织实施监理活动，对监理工作进行总结、监督、评价。

（四）严格监理、热情服务的原则

严格监理，就是各级监理人员严格按照国家政策、法规、规范、标准和合同控制建设工程的目标，认真履行职责，对承建单位进行严格监理。

监理工程师还应为业主提供热情的服务，应运用合理的技能，谨慎而勤奋地工作。由于业主一般不熟悉建设工程管理与技术业务，监理工程师应按照委托监理合同的要求多方位、多层次地为业主提供良好的服务，维护业主的正当权益。但是，不能因此而一味向各承建单位转嫁风险，从而损害承建单位的正当经济利益。

（五）综合效益的原则

建设工程监理活动既要考虑业主的经济效益，也必须考虑与社会效益和环境的有机统一。建设工程监理活动虽经业主的委托和授权才得以进行，但监理工程师应严格遵守国家的建设管理法律、法规、标准等，以高度负责的态度和责任感，既对业主负责，谋求最大的经济效益，又要对国家和社会负责，取得最佳的综合效益。只有在符合宏观经济效益、社会效益和环境效益的条件下，业主投资项目的微观经济效益才能得以实现。

二、我国建设工程监理的实施程序

建设工程监理一般按照如下程序组织实施。

（一）确立项目监理机构，确定总监理工程师

监理单位应根据建设工程的规模、性质以及业主对监理的要求，委派称职的人员担任项目总监理工程师，总监理工程师是一个建设工程监理工作的总负责人，他对内向监理单位负责，对外向业主负责。

监理机构的人员构成是监理投标书中的重要内容，是业主在评标过程中认可的，总监理工程师在组建项目监理机构时，应根据监理大纲内容和签订

的委托监理合同内容组建，并在监理规划和具体实施计划执行中进行及时的调整。

按照中标监理大纲编制建设工程监理规划。

按照监理规划制定各专业监理实施细则。

（二）依据监理实施细则有序、严格、规范实施监理工作

监理工作的规范化体现在以下几方面。

1. 工作的时序性

这是指监理的各项工作都应按一定的逻辑顺序先后展开。

2. 职责分工的严密性

建设工程监理工作是由不同专业、不同层次的专家群体共同来完成的，他们之间严密的职责分工是协调进行监理工作的前提和实现监理目标的重要保证。

3. 工作目标的确定性

在职责分工的基础上，每一项监理工作的具体目标都应是确定的，完成的时间也应有时限规定，从而能通过报表资料对监理工作及其效果进行检查和考核。

（三）参与竣工验收，结算审核，签署监理意见

建设工程施工完成以后，监理单位应在正式验交前组织竣工预验收，在预验收中发现的问题，应及时与施工单位沟通，提出整改要求。监理单位应参加业主组织的工程竣工验收，签署监理单位意见。

（四）向项目业主提交建设工程监理档案资料

建设工程监理工作完成后，监理单位向业主提交的监理档案资料应在委托监理合同文件中约定。如在合同中没有做出明确规定，监理单位一般应提交设计变更、工程变更资料，监理指令性文件，各种签证资料等档案资料。

（五）编写工程质量评估等报告和工程监理工作总结

监理工作完成后，项目监理机构应及时从两方面进行监理工作总结。其一是向业主提交的监理工作总结，主要内容包括：委托监理合同履行情况概述，监理任务或监理目标完成情况的评价，由业主提供的供监理活动使用的办公用房、车辆、试验设施等的清单，表明监理工作终结的说明等。其二是向监理单位提交的监理工作总结，主要内容包括：监理工作的经验，可以是采用某种监理技术、方法的经验，也可以是采用某种经济措施、组织措施的

经验，以及委托监理合同执行方面的经验或如何处理好与业主、承包单位关系的经验等；监理工作中存在的问题及改进的建议。

三、建设工程监理工作的主要任务

（一）施工准备阶段建设监理工作的主要任务

①审查施工单位提交的施工组织设计中的质量安全技术措施、专项施工方案与工程建设强制性标准的符合性。

②参与设计单位向施工单位的设计交底。

③检查施工单位工程质量、安全生产管理制度及组织机构和人员资格。

④检查施工单位专职安全生产管理人员的配备情况。

⑤审核分包单位资质条件。

⑥检查施工单位的试验室。

⑦查验施工单位的施工测量放线成果。

⑧审查工程开工条件，签发开工令。

（二）工程施工阶段建设监理工作的主要任务

1. 施工阶段的质量控制

①核验施工测量放线，验收隐蔽工程、分部分项工程，签署分项、分部工程和单位工程质量评定表。

②进行巡视、旁站和平行检验，对发现的质量问题及时通知施工单位整改，并做好监理记录。

③审查施工单位报送的工程材料、构配件、设备的质量证明资料，抽查进场的工程材料、构配件的质量。

④审查施工单位提交的采用新材料、新工艺、新技术、新设备的论证材料及相关验收标准。

⑤检查施工单位的测量、检测仪器设备、度量衡定期检验的证明文件。

⑥监督施工单位对各类土木和混凝土试件按规定进行检查与抽查。

⑦监督施工单位认真处理施工中发生的一般质量事故，并认真做好记录。

⑧向业主报告大和重大质量事故以及其他紧急情况。

2. 施工阶段的进度控制

①监督施工单位严格按照施工合同规定的工期组织施工。

②审查施工单位提交的施工进度计划，核查施工单位对施工进度计划的调整，建立工程进度台账，核对工程形象进度，按月、季和年度向业主报告

工程执行情况、工程进度以及存在的问题。

3. 施工阶段的投资控制

①审核施工单位提交的工程款支付申请，签发或出具工程款支付证书，并报业主审核批准。

②建立计量支付签证台账，定期与施工单位核对清算。

③审查施工单位提交的工程变更申请，协调处理施工费用索赔、合同争议等事项。审查施工单位提交的竣工结算申请。

4. 施工阶段的安全生产管理

①依照法律法规和工程建设强制性标准，对施工单位安全生产管理进行监督。

②编制安全生产事故的监理应急预案，并参加业主组织的应急预案的演练。

③审查施工单位的工程项目安全生产规章制度、组织机构的建立及专职安全生产管理人员的配备。

④督促施工单位进行安全自查工作，巡视检查施工现场安全生产情况。在实施监理过程中，发现存在安全事故隐患的，应签发监理工程师通知单，要求施工单位整改；情况严重的，总监理工程师应及时下达工程暂停指令，要求施工单位暂时停止施工，并及时报告业主。施工单位拒不整改或者不停止施工的，应通过业主及时向有关主管部门报告。

（三）竣工验收阶段建设监理工作的主要任务

①督促和检查施工单位及时整理竣工文件和验收资料，并提出意见。

②审查施工单位提交的竣工验收申请，编写工程质量评估报告。

③组织工程预验收，参加业主组织的竣工验收，并签署竣工验收意见。

④编制、整理工程监理归档文件并提交给业主。

四、建设工程监理的工作方法

建设工程监理的基本方法是一个系统，它由不可分割的若干个子系统组成。它们相互联系、相互支持、共同运行形成一个完整的方法体系。这就是目标规划、动态控制、组织协调、信息管理、合同管理。

（一）目标规划

这里所说的目标规划是以实现目标控制为目的的规划和计划，它是围绕工程项目投资进度和质量目标进行研究确定、分解综合、安排计划、风险管理、制定措施等各项工作的集合。目标规划是目标控制的基础和前提，只有做好目标规划的各项工作才能有效实施目标控制。目标规划得越好，目标控制的基础就越牢靠，目标控制的前提条件也就越充分。目标规划工作包括以下几个方面。

①确定投资、进度、质量目标或对已经初步确定的目标进行论证；按照目标控制的需要将各目标进行分解，使每个目标者形成一个既能分解又能综合满足控制要求的目标划分系统，以便实施控制。

②把工程项目实施的过程、目标和活动编制成计划，用动态的计划系统来协调和规范工程项目的实施，为实现预期目标构筑一座桥梁，使项目协调有序地达到预期目标。

③对计划目标的实现进行风险分析和管理，以便采取有针对性的有效措施，实施主动控制。

④制定各项目标的综合控制措施，力保项目目标的实现。

（二）动态控制

动态控制的基础是目标规划，针对各级分目标实施的控制，其控制过程都是按事先安排的计划来进行的。

所谓动态控制，就是在完成工程项目的过程当中，通过过程、目标和活动的跟踪，全面、及时、准确地掌握工程建设信息，将实际目标值和工程建设状况与计划目标和状况进行对比，如果偏离了计划和标准的要求，就采取措施加以纠正，以便达到计划总目标的实现。这是一个不断循环的过程，直至项目建成交付使用。

控制是一个动态的过程。过程在不同的空间展开，控制就要针对不同的空间来实施。工程项目的实施分不同的阶段，控制也就分成不同阶段的控制。工程项目的实现总要受到外部环境和内部因素的各种干扰，因此，必须采取应变性的控制措施。计划的不变是相对的，计划总是在调整中运行，控制就要不断地适应计划的变化，从而达到有效的控制。监理工程师只有把握住工程项目运动的脉搏才能做好目标控制工作。

（三）组织协调

组织协调与目标控制是密不可分的。协调的目的就是实现项目目标。在监理过程中，当设计概算超过投资估算时，监理工程师要与设计单位进行协调，使设计与投资限额之间达成协调，既要满足建设单位对项目的功能和使用要求，又要力求使费用不超过限定的投资额度；当施工进度影响到项目动用时间时，监理工程师就要与施工单位进行协调，或改变投入，或修改计划，或调整目标，直到制订出一个最优化方案为止；当发现承包商的管理人员不称职，并有可能对工程质量造成影响时，监理工程师要与承包单位进行协调，确保工程质量。

组织协调包括项目监理组织内部人与人、机构与机构之间的协调。例如，项目总监理工程师与各专业监理工程师、各专业监理工程师之间的人际关系，以及纵向监理部门与横向监理部门之间关系的协调。组织协调还存在于项目监理组织与外部环境组织之间，其中主要是与项目建设单位、设计单位、施工单位、材料和设备供应单位，以及与政府有关部门、社会团体、咨询单位、科学研究、工程毗邻单位之间的协调。

（四）信息管理

在实施监理过程中，监理工程师要对所需要的信息进行收集、整理、处理、存储、传递等一系列工作，这些工作总称为信息管理。信息管理对建设工程监理是十分重要的。监理工程师在开展监理工作当中要不断预测或发现问题，要不断地进行规划、决策、执行和检查，而做好每项工作都离不开相应的信息。监理工程师在监理过程中主要的任务是进行目标控制，而控制的基础是信息。任何控制只有在信息的支持下才能有效地进行，大数据时代，我们不但可以收集地区范围内的管理信息，同时，更为我们借鉴广阔领域的信息提供了可能。

（五）合同管理

监理单位在建设工程监理过程中的合同管理，主要是根据监理合同的要求对工程承包合同的签订、履行、变更和解除进行监督和检查，对合同双方争议进行调解和处理，以保证合同的依法签订和全面履行。合同管理对于监理单位完成监理任务是非常重要的。根据国外经验，合同管理产生的经济效益往往大于技术优化所产生的经济效益。一项工程合同，应当对参与建设项目的各方的建设行为起控制作用，同时应具体指导一项工程如何操作完成。所以，从这个意义上讲，合同管理起着控制整个项目实施的作用。

五、施工阶段工程监理实施

（一）施工阶段工程监理实施细则的作用、依据、要求

1.监理实施细则的作用

监理实施细则是在监理规划指导下，在落实了监理机构各部门监理职责分工后，由专业监理工程师针对项目的具体情况编制的更具有实施性和可操

作性的业务文件。它起着具体指导监理工作实施的作用。

2.编制监理实施细则的依据

①监理合同、监理规划以及与所监理项目相关的合同文件。

②设计文件，包括设计图纸、技术资料以及设计变更。

③工程建设相关的规范、规程、标准。

④承包人提交并经监理机构批准的施工组织设计和技术措施设计。

⑤由生产厂家提供的工程建设有关原材料、半成品、构配件的使用技术说明，工程设备的安装、调试、检验等技术资料。

3.编制监理实施细则的要求

监理实施细则一般应按照施工进度要求在相应工程开始施工前，由专业监理工程师编制并经总监理工程师批准。监理实施细则的编制应符合监理规划的要求，并应结合工程项目的专业特点做到详细具体、具有可操作性。

（二）施工阶段工程监理的主要内容

施工阶段工程监理的主要内容是进行建设工程的合同管理，按照合同控制工程建设的投资、工期和质量，并协调建设各方的工作关系。采取组织、经济、技术、合同和信息管理措施，对建设过程及参与各方的行为进行监督、协调和控制，以保证项目建设目标最优地实现。监理的中心任务是投资控制、进度控制、质量控制。

1.投资控制

监理单位受项目法人委托投资控制的任务主要是：在建设前期协助项目法人正确地进行投资决策，控制好投资估算总额；在设计阶段对设计方案、设计标准、总概算进行审核；在施工准备阶段协助项目法人组织招标投标工作；在施工阶段，严格计量与支付管理和审核工程变更，控制索赔；在工程完工阶段审核工程结算，在工程保修责任终止时，审核工程最终结算。

2.进度控制

在建设前期协助项目法人分析研究确定合理的工期目标，并规定在承包合同文件中。在合同实施阶段，根据合同规定的部分工程完工目标、单位工程完工目标和全部工程完工目标审核施工组织设计和进度计划，并在计划实施中跟踪监督并做好协调工作，排除干扰，按照合同合理处理工期索赔、进度延误和施工暂停，控制工程进度。

3. 质量控制

质量控制贯穿项目建设可行性研究、设计、建设准备、施工、完工及运行维修的全过程。监理单位质量控制工作主要包括：设计方案选择及图纸审核和概算审核；在施工前通过审查承包人资质，检查人员和所用材料、构配件、设备质量，审查施工技术方案和组织设计，实施质量预控；在施工过程中，通过重要技术复核，工序作业检查，监督合同文件规定的质量要求、标准、规范、规程的贯彻，严格进行隐蔽工程质量检验和工程验收等。

4. 合同管理

合同管理是监理工作的主要内容。广义地讲，监理工作可以概括为监理单位受项目法人的委托，协助项目法人组织工程项目建设合同的订立、签订，并在合同实施过程中管理合同。在合同管理中，狭义的合同管理主要指：合同文件管理、会议管理、支付、合同变更、违约、索赔及风险分担、合同争议协调等。

5. 信息管理

信息是反映客观事物规律的一种数据，是人们决策的重要依据。信息管理是项目建设监理的重要手段。只有及时、准确地掌握项目建设中的信息，严格、有序地管理各种文件、图纸、记录、指令、报告和有关技术资料，完善信息资料的接收、签发、归档和查询等制度，才能使信息及时、完整、准确和可靠地为监理提供工作依据，以便及时采取有效的措施，有效地完成监理任务。

6. 组织协调

在工程项目实施过程中，存在着大量组织协调工作，项目法人和承包商之间由于各自的经济利益和对问题的不同理解，会产生各种矛盾和冲突；在项目建设过程中，多部门、多单位以不同的方式为项目建设服务，他们难以避免地会发生各种冲突。因此，监理工程师要及时、公正、合理地做好协调工作，保证项目顺利进行。

第三节　建设监理的形成与发展

一、建设监理在国外的形成与发展

建设监理制度的起源，发生在 16 世纪的欧洲，随着社会对房屋建造技术的要求不断提高，传统的建筑业开始出现专业化的分工，社会对建设监理的需求逐渐产生，18 世纪 60 年代的英国产业革命，大大促进了整个欧洲大陆工业化的发展进程。

第二次世界大战后欧美在恢复建设中加快了速度，20 世纪 50 年代末期，由于科学技术、工业和国防建设的发展以及人们生活水平的不断提高，需要建设一些大型、巨型工程和大型企业，如航天工程、大型水电工程、核电站、大型钢铁企业、石油化工企业和新型城市建设等。在工程的建设施工阶段，还要进行全面的监理，这样建设工程监理就逐步贯穿于建设活动的全过程。

随着建设监理需求的发展，西方工业发达国家把建设监理逐步推向法律化、制度化、程序轨道化。20 世纪 80 年代，建设监理在国际上得到了较大的发展，一些发展中国家也开始效仿发达国家的做法，结合本国实际确立或引进社会监理机制，对工程建设实施监理。

二、建设监理在我国的形成与发展

我国建设监理制度的试点工作开始于 1988 年。1988 年 7 月 25 日，建设部制定印发了《关于开展建设监理工作的通知》。《关于开展建设监理工作的通知》提出，要建立具有中国特色的建设监理制度，以提高投资效益和建设水平。此外，《关于开展建设监理工作的通知》还就推行建设监理制度的试点城市进行了具体的部署。

1982 年，在我国使用世界银行贷款的第一个项目（云南鲁布革水电站项目）的实施过程中，就预示了业主委托"工程师单位"实施现场监督的管理模式将是建筑业未来的必然趋势。现在，建设监理制度作为改革开放催生的四大建筑制度之一，与项目业主负责制、投标承包制和合同管理制一起载入了改革创新的史册。

（一）试点起步阶段

1988 年 8 月 12 ～ 13 日，建设部在北京召开建设监理试点工作会议（即第一次全国建设监理工作会议），研究落实《关于开展建设监理工作的通知》的要求，商讨监理试点工作的目的、要求，确定监理试点单位的条件等事宜。

1988 年 10 月 11 ～ 13 日，建设部在上海召开第二次全国建设监理工作会议，进一步商讨选择哪些城市作为建设监理制度的试点，经讨论后确定了作为试点的 8 市 2 部，即将北京、天津、上海、哈尔滨、沈阳、南京、宁波、深圳和能源部（现为国家能源局）的水电系统、交通部（现为交通运输部）的公路系统作为监理试点。根据会议精神建设部于 1988 年 11 月 12 日制定印发了《关于开展建设监理试点工作的若干意见》。据此，试点地区和部门开始组建监理单位，建设行政主管部门帮助监理单位选择监理工程项目，逐步开始实施建设监理制度。

交通部作为建设工程监理制度的试点单位，利用世界银行贷款先后修建了很多基础交通设施，如陕西省西安三原一级公路、京津塘高速公路和天津港东突堤工程。在以上工程修建中，承包方按照国际通行的国际咨询工程师联合会（FIDC）合同条款要求，都实行了国际招标及工程监理制，从而逐步形成了适合中国国情的交通建设工程监理模式。从第一批交通建设项目实行工程监理制以来，交通建设的工程监理制度，经过开始试点、稳步发展、全面推行三个阶段，逐步成熟完善。随着我国改革开放的不断深入和交通事业的持续、快速发展，建设监理制度已成为我国公路、水运工程建设中不可缺少的重要环节，所起的作用也越来越明显。

1989 年 5 月 10 ~ 17 日，建设部建设监理司在安徽合肥举办建设监理研讨班，就建设监理试点各阶段的理论、政策和工作中的具体问题进行了研究和论证，尤其是对监理单位的组织模式、监理人员的称谓和监理方法，跨地区承揽监理任务的管理，以及与质量监督的关系等问题进行了深入探讨，从而初步理清了建设监理工作的思路。

1989 年 7 月 28 日，建设部颁发了《建设监理试行规定》。这是我国开展建设监理工作的第一个法规性文件，它全面地规范了参与建设监理各方的行为。

为了及时总结试点经验，指导建设监理试点工作健康发展，1989 年 10 月 23 ~ 26 日，建设部在上海召开了第三次全国建设监理工作会议，总结了 8 市 2 部监理试点的经验。试点经验归纳为：实行监理制度的工程在工期、质量、造价等方面与以前相比均取得了更好的效果；试点工作充分证明，实行这项改革，有助于完善我国工程建设管理体制；有助于促进我国工程的整体水平和投资效益；要组建一支高水准的工程建设监理队伍，把工程监理制度稳定下来。

（二）建设监理制度稳步发展阶段

1993 年 5 月，第五次全国建设监理工作会议召开，标志着我国建设监理制度走向稳步发展的新阶段。

第五次全国建设监理工作会议总结了我国 4 年多来监理试点的工作经验，宣布结束试点工作，进入稳步发展的新阶段。会议提出新的发展目标：从1993 年起，用 3 年左右的时间完成稳步发展阶段的各项任务；从 1996 年开始，建设监理制度走向全面实施阶段；到 20 世纪末，我国的建设监理事业争取达到产业化、规范化和国际化的程度。会议同时提出稳步发展阶段的主要任务：健全监理法规和行政管理制度；大中型工程项目和重点工程项目都要实行监理制；监理队伍的规模要和基本建设的发展水平相适应，基本满足监理市场的需要；要有相当一部分监理单位和监理人员获得国际同行的认可，并进入国际建筑市场。

会后，国内各地区、各部门立即着手部署工作，其中北京、上海，水电部（现为水利部）和煤炭工业部（现已撤销）等地区和部门，由试点阶段进入全面推行阶段，所有新开工程项目都实行监理制度。机械工业部（现已撤销）、煤炭工业部、有色金属总公司等也向本系统发出通知，今后新建项目一律委托系统内具有相应资质的监理单位进行监理。

1993 年，全国已注册的监理单位达 886 家，从业者约 4.2 万人。在监理队伍中，还涌现出一批甲级资质的监理单位。兼职承担监理业务的单位逐渐减少，专职承担监理业务的单位不断增多。

1993 年上半年中国建设监理协会经建设部、民政部批准正式成立，并于同年 7 月在北京召开成立大会。中国建设监理协会的成立标志着我国建设监理行业基本成形，并走上自我约束、自我发展的道路。到 1994 年底，全国已有 29 个省、自治区、直辖市和国务院所属的 36 个工业交通原材料等部门在推行监理制度。其中北京、天津、上海 3 市及辽宁、湖北、河南、海南、江苏等省的地级以上城市全部推行了监理制度。全国推行监理制度的地级以上城市 153 个，约占全国 196 个地级城市的 76%。全国大中型水电工程、大部分国道和高等级公路工程都实行了工程监理，建筑市场初步形成了由业主、监理和承建方组成的三元主体结构。

（三）建设监理制度全面推行阶段

1995 年 12 月 15 日，建设部和国家计委（现为国家发展改革委）印发《工程建设监理规定》的通知，自 1996 年 1 月 1 日起实施。同时废止建设部于 1989 年 7 月 28 日发布的《建设监理试行规定》。

1997 年《建筑法》规定，国家推行建设工程监理制度，从而使建设工程监理制度进入全面推行阶段。

截至 1996 年底，全国共有工程建设监理单位 2100 多家，其中甲级资质的监理单位 123 家。全国从事监理工作的人员共 10.2 万余人，其中具有中级及其以上技术职称的人员有 7.54 万余人；全国约 4.3 万人参加了建设部指定院校的监理培训。当时，取得建设部、人事部（现为人力资源和社会保障部）确认资格的监理工程师的人数达 2963 人，经过注册的监理工程师有 1865 人。

加上各地区、各部门自行培训，监理工作人员基本能持证上岗。在一些外资、合资项目的监理工作中，我国监理人员已经成为主力。

1996 年全国开展监理工作的地级市达到 238 个，占全国 269 个地级市的 88.5%，地级城市已经普遍推行建设监理制。

1997 年我国工程建设的总投资额为 2.46 万亿元，实行监理制度的项目投资超过 1.02 万亿元，监理制度覆盖面达 41.7%。

1999 年 5 月 13 ~ 14 日，建设部与人事部举行了全国监理工程师执业资格考试，这是继 1997 年首次全国监理工程师考试以来的第三次全国性监理考试，共有 3 万多人报名参加考试，约有 6000 人通过考试取得了监理执业资格，使全国具有监理执业资格的人数为 3.06 万人以上。

2000 年 7 月，建设部与中国建设监理协会共同组织召开了监理企业改制工作研讨会，与监理企业及各方人士共同研讨了监理企业改制的有关问题。

（四）建设监理制度逐步完善阶段

目前，虽然建设监理制度已经在全国范围内推行，但业主、施工单位和质量监督机构对实行工程监理的意义及其重要性还是缺乏认知，对监理人员的地位及与各方的关系也不甚了解。有些业主认为监理人员是自己的雇员，必须为自己的利益着想，按自己的要求办事。质量监督机构认为监理人员代替了自己的职能，因而忽视了对工程质量的监管。对监理人员工作的模糊认识，使工程建设各方在关系的协调上不顺畅，监理人员的决定不能实施，监理效果不够理想，工程质量监督工作出现漏洞。当工程出现质量问题时，还容易出现互相推诿的现象。

为了解决上述问题，从 1992 年 2 月 1 日施行《工程建设监理单位资质管理试行办法》开始，到 2008 年 5 月，住房和城乡建设部、国家工商行政管理局联合发布《建设工程监理合同示范文本（征求意见稿）》。政府及相关部门也相继出台了许多与建设工程监理关系密切的法律、法规、规章、规范。如《建筑法》《建设工程质量管理条例》《工程监理企业资质管理规定》《建设工程监理规范》和《房屋建筑工程施工旁站监理管理办法（试行）》等。

上述法律、法规、规章、规范各有其作用，其中，《建筑法》的实施，为维护建筑市场的秩序，保证建筑工程的质量和安全提供了法律保障，也为建筑工程的监督管理提供了法律依据。《建设工程质量管理条例》为工程质量提供了详尽的规范，弥补了以往一些因质量管理规定笼统而产生的漏洞，可操作性得到极大提高。《工程监理企业资质管理规定》明确了从事建设工程监理活动的企业取得工程监理企业资质的合法程序。《建设工程监理规范》

进一步明确了工程监理的定义，解决了建设单位与施工单位之间信息不对称和专业化监督管理缺失的问题。《房屋建筑工程施工旁站监理管理办法（试行）》明确了旁站监理人员的职责和奖罚办法，使其在旁站的监理过程中及时发现并处理问题，进一步细化了监理人员的工作职责。

以上法律、法规、制度的制定和完善，规范了我国建设工程的监理市场，进一步明确了监理人员的权利和义务。业主与监理之间是通过工程建设监理合同建立起来的一种委托与被委托的关系，双方都要在合同约定的范围内行使各自的权利，承担相应的责任。取得从业资格的监理人员接受业主的委托对项目的实施进行监理，但监理人员不是业主在项目上的利益代表，必须依据工程建设监理合同、设计文件、相关规范规定及相关法律对项目实施独立、科学、公正的监理。业主有权要求更换不称职的监理人员或解除监理合同，但不得干预和影响监理人员的正常工作，不得随意变更监理人员的指令。监理人员接受业主的委托，对项目的实施进行监督与管理，要对业主负责。监理人员的一切监理行为必须以监理合同和工程承包合同为依据，以实现三个控制为目标，以监理人员的名义独立进行，在业主与承包商之间要做到独立、客观、公正。

实行建设监理制度是我国建设领域的一项重大改革，是我国对外开放、国际交往日益扩大的结果。通过实行建设监理制度，我国建设工程的管理体制开始向社会化、专业化、规范化的先进管理模式转变。这种管理模式，在项目法人与承包商之间引入了建设监理单位作为中介服务的第三方，进而在项目法人与承包商、项目法人与监理单位之间形成了以经济合同为纽带，以提高工程质量和建设水平为目的的相互制约、相互协作、相互促进的一种新的建设项目管理运行机制。这种机制为提高建设工程的质量、节约建筑工程的投资、缩短建筑工程的工期创造了有利条件。经过 20 多年的发展历程，监理制度已逐步走向成熟，在我国国民经济建设中发挥着重要作用。

第四节　工程建设项目监理的相关法律法规

一、《建筑法》

1998 年 3 月 1 日起施行的《建筑法》是调整我国建设活动的基本法律，其立法目的是加强对建筑活动的监督管理，维护建筑市场秩序，保证建筑工程的质量和安全，促进建筑业健康发展。《建筑法》对建筑活动的基本要求是，建筑活动应当确保建筑工程质量和安全，符合国家的建筑工程安全标准。

《建筑法》调整的对象包括从事建筑活动的单位和个人以及监督管理的主体，任何单位和个人从事建筑活动应当遵守法律、法规，不得损害社会公共利益和他人合法权益。任何单位和个人不得妨碍和阻挠依法进行的建筑活动。

《建筑法》对建筑活动，即各类房屋建筑及其附属设施的建造以及与其配套的线路与管道和设备的安装活动的建筑许可、建筑工程发包与承包、建筑工程监理、建筑安全生产管理及建筑工程质量管理等，均做出了明确的规定，并建立了建筑活动中的一些基本法律制度。但其中关于施工许可、建筑施工企业资质审查和建筑工程发包承包、禁止转包以及建筑工程监理、建筑工程安全和质量管理的规定，也适用于其他专业工程的建筑活动。

（一）建筑许可

建筑许可是对建筑工程施工许可制度及从事建筑活动的单位和个人从业资格的规定。

1. 建筑工程施工许可制度

这是建设主管部门根据建设单位的申请，依法对建筑工程所应具备的施工条件进行审查，符合规定条件的，准许该建筑工程开始施工，并颁发施工许可证的一种制度。

2. 从事建筑活动的单位

从事建筑活动的单位包括建筑施工企业、勘察单位、设计单位和工程监理单位等，它们应具有符合国家规定的注册资本，具有与其从事的建筑活动相适应的具有法定执业资格的专业技术人员，具有从事相关建筑活动所应有的技术装备，以及法律、行政法规规定的其他条件。从事建筑活动的单位应根据资质条件划分不同的资质等级，经资质审查合格，取得相应的资质等级证书后，方可在其资质等级许可的范围内从事建筑活动。

3. 从事建筑活动的个人

从事建筑活动的个人主要指专业技术人员，他们应当依法取得相应的执业资格证书，并在执业资格证书许可的范围内从事建筑活动。

（二）建筑工程发包与承包

1. 建筑工程发包与承包的一般规定

发包单位和施工单位应当签订书面合同并应依法履行合同义务；制定招标投标活动的原则、发包和承包行为约束方面的规定、合同价款约定和支付的规定等。

2. 建筑工程发包的法律规定

该法律规定的内容包括：建筑工程发包方式、公开招标程序和要求、建筑工程招标的行为主体和监督主体、发包单位应将工程发包给依法中标或具有相应资质条件的施工单位、政府部门不得滥用权力限定施工单位、禁止将建筑工程肢解发包、发包单位在施工单位采购方面的行为限制的规定等。

3. 建筑工程承包的法律规定

该法律规定的内容包括：施工单位资质管理的规定、关于联合承包方式的规定、禁止转包、有关分包的规定等。

（三）建筑工程监理

①国家推行建筑工程监理制度。国务院可以规定实行强制监理的建筑工程的范围。

②实行监理的建筑工程，由建设单位委托具有相应资质条件的工程监理单位监理。建设单位与其委托的工程监理单位应当订立书面委托监理合同。

③建筑工程监理应当依照法律、行政法规及有关的技术标准、设计文件和建筑工程承包合同，对承包单位在施工质量、建设工期和建设资金使用等方面，代表建设单位实施监督。工程监理人员认为工程施工不符合工程设计要求、施工技术标准和合同约定的，有权要求建筑施工企业改正。工程监理人员发现工程设计不符合建筑工程质量标准或者合同约定的质量要求的，应当报告建设单位要求设计单位改正。

④实施建筑工程监理前，建设单位应当将委托的工程监理单位、监理的内容及监理权限，书面通知被监理的建筑施工企业。

⑤工程监理单位应当在其资质等级许可的监理范围内，承担工程监理业务。工程监理单位应当根据建设单位的委托，客观、公正地执行监理任务。工程监理单位与被监理工程的承包单位以及建筑材料、建筑构配件和设备供应单位不得有隶属关系或者其他利害关系。工程监理单位不得转让工程监理业务。

⑥工程监理单位不按照委托监理合同的约定履行监理义务，对应当监督检查的项目不检查或者不按照规定检查，给建设单位造成损失的，应当承担相应的赔偿责任。工程监理单位与承包单位串通，为承包单位谋取非法利益，给建设单位造成损失的应当与承包单位承担连带赔偿责任。

（四）建筑安全生产管理

建筑安全生产管理必须坚持安全第一、预防为主的方针，建立健全安全生产的责任制度和群防群治制度。

建筑工程设计应当符合按照国家规定制定的建筑安全规程和技术规范，保证工程的安全性能。

建筑施工企业在编制施工组织设计时，应当根据建筑工程的特点制定相应的安全技术措施；对专业性较强的工程项目，应当编制专项安全施工组织设计，并采取安全技术措施。

建筑施工企业应当在施工现场采取维护安全、防范危险、预防火灾等措施；有条件的，应当对施工现场实行封闭管理。施工现场对毗邻的建筑物、构筑物和特殊作业环境可能造成损害的，建筑施工企业应当采取安全防护措施。

建设单位应当向建筑施工企业提供与施工现场相关的地下管线资料，建筑施工企业应当采取措施加以保护。

建筑施工企业应当遵守有关环境保护和安全生产的法律、法规的规定，采取控制和处理施工现场的各种粉尘、废气、废水、固体废物以及噪声、振动对环境的污染与危害的措施。

有下列情形之一的，建设单位应当按照国家有关规定办理申请批准。

①需要临时占用规划批准范围以外场地的。

②可能损坏道路、管线、电力、邮电通信等公共设施的。

③需要临时停水、停电、中断道路交通的。

④需要进行爆破作业的。

⑤法律、法规规定需要办理报批手续的其他情形。

建设行政主管部门负责建筑安全生产的管理，并依法接受劳动行政主管部门对建筑安全生产的指导和监督。

建筑施工企业必须依法加强对建筑安全生产的管理，执行安全生产责任制度，采取有效措施，防止伤亡和其他安全生产事故的发生。建筑施工企业的法定代表人对本企业的安全生产负责。

施工现场安全由建筑施工企业负责。实行施工总承包的，由总承包单位负责。分包单位向总承包单位负责，服从总承包单位对施工现场的安全生产管理。

建筑施工企业应当建立健全劳动安全生产教育培训制度，加强对职工安全生产的教育培训，未经安全生产教育培训的人员，不得上岗作业。

建筑施工企业和作业人员在施工过程中，应当遵守有关安全生产的法律、法规和建筑行业安全规章、规程，不得违章指挥或者违章作业。作业人员有权对影响人身健康的作业程序和作业条件提出改进意见，有权获得安全生产所需的防护用品。作业人员对危及生命安全和人身健康的行为有权提出批评、检举和控告。

建筑施工企业应当依法为职工参加工伤保险缴纳工伤保险费。鼓励企业为从事危险作业的职工办理意外伤害保险，支付保险费。

涉及建筑主体和承重结构变动的装修工程，建设单位应当在施工前委托原设计单位或者具有相应资质条件的设计单位提出设计方案；没有设计方案的，不得施工。

房屋拆除应当由具备保证安全条件的建筑施工单位承包，由建筑施工单位负责人对安全负责。

施工中发生事故时，建筑施工企业应当采取紧急措施减少人员伤亡和事故损失，并按照国家有关规定及时向有关部门报告。

（五）建筑工程质量管理

建筑工程的勘察、设计、施工质量必须符合国家有关建筑工程安全标准的要求，具体管理办法由国务院规定。有关建筑工程安全的国家标准不能适应确保建筑安全的要求时，应当及时修订。

国家对从事建筑活动的单位推行质量体系认证制度。从事建筑活动的单位根据自愿原则可以向国务院产品质量监督管理部门或者国务院产品质量监督管理部门授权的部门认可的认证机构申请质量体系认证。经认证合格的，由认证机构颁发质量体系认证证书。

建设单位不得以任何理由，要求建筑设计单位或者建筑施工企业在工程设计或者施工作业中，违反法律、行政法规和建筑工程质量、安全标准，建筑设计单位和建筑施工企业对建设单位违反前款规定提出的降低工程质量的要求，应当予以拒绝。

建筑工程实行总承包的，工程质量由工程总承包单位负责，总承包单位将建筑工程分包给其他单位的，应当对分包工程的质量与分包单位承担连带责任。分包单位应当接受总承包单位的质量管理。

建筑工程的勘察、设计单位必须对其勘察、设计的质量负责。勘察、设计文件应当符合有关法律、行政法规的规定和建筑工程质量、安全标准，以及建筑工程勘察、设计技术规范和合同的约定。设计文件选用的建筑材料、建筑构配件和设备，应当注明其规格、型号、性能等技术指标，其质量要求必须符合国家规定的标准。

建筑设计单位对设计文件选用的建筑材料、建筑构配件和设备，不得指定生产厂、供应商。

建筑施工企业对工程的施工质量负责。建筑施工企业必须按照工程设计图纸和施工技术标准施工，不得偷工减料。工程设计的修改由原设计单位负责，建筑施工企业不得擅自修改工程设计。

建筑施工企业必须按照工程设计要求、施工技术标准和合同的约定，对建筑材料、建筑构配件和设备进行检验，不合格的不得使用。

建筑物在合理使用寿命内，必须确保地基基础工程和主体结构的质量。建筑工程竣工时，屋顶、墙面不得留有渗漏、开裂等质量缺陷；对已发现的质量缺陷，建筑施工企业应当修复。

交付竣工验收的建筑工程，必须符合规定的建筑工程质量标准，有完整的工程技术经济资料和经签署的工程保修书，并具备国家规定的其他竣工条件。建筑工程竣工经验收合格后，方可交付使用；未经验收或者验收不合格的，不得交付使用。

建筑工程实行质量保修制度。建筑工程的保修范围应当包括地基基础工程，主体结构工程，屋面防水工程和其他土建工程，以及电气管线、上下水管线的安装工程，供热、供冷系统工程等项目；保修的期限应当按照保证建筑物合理使用寿命年限内正常使用，维护使用者合法权益的原则确定。具体的保修范围和最低保修期限由国务院规定。

任何单位和个人对建筑工程的质量事故、质量缺陷都有权向建设行政主管部门或者其他有关部门进行检举、控告、投诉。

《建筑法》对建筑工程质量做了较为详细的规定。

①建筑工程的勘察、设计和施工质量必须符合有关建筑工程安全标准。

②国家对从事建筑活动的单位推行质量体系认证制度。

③建设单位不得以任何理由要求设计单位和施工单位降低工程质量。

④关于勘察、设计单位工程质量责任的规定；设计单位对设计文件选用的建筑材料、构配件和设备不得指定生产的规定。

⑤关于施工企业质量责任的规定；施工企业对进场材料、构配件和设备进行检验的规定。

⑥关于总承包单位和分包单位工程质量责任的规定；关于建筑物合理使用寿命内和工程竣工时的工程质量要求；关于工程竣工验收的规定；建筑工程实行质量保修制度的规定。

⑦关于工程质量实行群众监督的规定。

二、《建设工程质量管理条例》

为了加强对建设工程质量的管理，保证建设工程质量，保护人民生命和财产安全，根据《建筑法》，国务院于 2000 年 1 月发布了《建设工程质量管理条例》。凡在中华人民共和国境内从事建设工程的新建、扩建和改建等有关活动及实施对建设工程质量监督管理的，都必须遵守该条例。

《建设工程质量管理条例》明确规定了建设单位、勘察单位、设计单位、施工单位和工程监理单位等建设工程质量责任主体的质量责任和义务，明确建立了工程质量保修、工程质量监督等法律制度，并对各种违法违规行为做出了严厉的处罚规定。

（一）建设单位的质量责任和义务

建设单位的质量责任和义务的规定包括：工程发包方面的规定；依法进行工程招标的规定；向其他建设工程质量责任主体提供与建设工程有关的原始资料和对资料要求的规定；工程发包过程中的行为限制；施工图设计文件审查制度的规定；委托监理以及必须实行监理的建设工程范围的规定；办理工程质量监督手续的规定；建设单位采购建筑材料、建筑构配件和设备的要求，以及建设单位对施工单位使用建筑材料、建筑构配件和设备方面的约束性规定；涉及建筑主体和承重结构变动的装修工程的有关规定；竣工验收程序、条件和使用方面的规定；建设项目档案管理的规定。

其中对委托监理的规定如下。

①实行监理的建设工程，建设单位应当委托具有相应资质等级的工程监理单位进行监理，也可以委托具有工程监理相应资质等级并与被监理工程的施工单位没有隶属关系或者其他利害关系的该工程设计单位进行监理。

②下列建设工程必须实行监理：国家重点建设工程；大中型公用事业工程；成片开发建设的住宅小区工程；利用外国政府或者国际组织贷款、援助资金的工程；国家规定必须实行监理的其他工程。

（二）勘察、设计单位的质量责任和义务

勘察、设计单位的质量责任和义务的规定包括：从事建设工程的勘察、设计单位市场准入条件和行为的要求；勘察、设计单位以及注册执业人员质量责任的规定；勘察成果质量基本要求；关于设计单位应当根据勘察成果进行工程设计和设计文件应当达到规定深度并注明合理使用年限的规定；设计文件中应注明建筑材料、建筑构配件和设备的规格、型号和性能等技术指标，质量必须符合国家规定的标准；除特殊要求外，设计单位不得指定生产厂和供应商；关于设计单位应就施工图设计文件向施工单位进行详细说明的规定；设计单位对工程质量事故处理方面的义务。

（三）施工单位的质量责任和义务

施工单位的质量责任和义务的规定包括：施工单位市场准入条件和行为的规定；关于施工单位对建设工程施工质量负责和建立质量责任制，以及实行总承包的工程质量责任的规定；关于总承包单位和分包单位工程质量责任承担的规定；有关施工依据和行为限制方面的规定，以及对设计文件和图纸方面的义务；关于施工单位使用建筑材料、建筑构配件和设备前必须进行检验的规定；关于施工质量检验制度和隐蔽工程检查的规定；有关试块、试件取样和检测的规定；工程返修的规定；关于建立健全教育培训制度的规定；等等。

（四）工程监理单位的质量责任和义务

1. 市场准入和市场行为

工程监理单位应当依法取得相应等级的资质证书，并在其资质等级许可的范围内承担工程监理业务。禁止工程监理单位超越本单位资质等级许可的范围或者以其他工程监理单位的名义承担工程监理业务。禁止工程监理单位允许其他单位或个人以本单位的名义承担工程监理业务。工程监理单位不得转让工程监理业务。

2. 独立性

工程监理单位与被监理工程的施工单位以及建筑材料、建筑构配件和设备供应单位有隶属关系或者其他利害关系的，不得承担该项建设工程的监理业务。

3. 施工质量监理责任

工程监理单位应当依照法律、法规以及有关技术标准、设计文件和建设工程承包合同，代表建设单位对施工质量实施监理，并对施工质量承担监理责任。

4. 监理人员资格及权力

工程监理单位应当选派具备相应资格的总监理工程师和（专业）监理工程师进驻施工现场。未经监理工程师签字，建筑材料、建筑构配件和设备不得在工程上使用或安装，施工单位不得进行下一道工序的施工。未经总监理工程师签字，建设单位不拨付工程款，不进行竣工验收。

5. 监理方式

监理工程师应当按照《建设工程监理规范》的要求，采用旁站、巡视和平行检验等形式，对建设工程实施监理。

（五）建设工程质量保修

我国实行建设工程质量保修制度。有关质量保修的规定包括：质量保修书出具时间和内容的规定；关于建设工程最低保修期限的规定；施工单位保修义务和责任的规定；对超过合理使用年限的建设工程继续使用的规定。

（六）建设工程质量的监督管理

建设工程质量监督的规定包括：国家实行建设工程质量监督管理制度的规定；建设工程质量监督管理部门应当加强对有关建设工程质量的法律、法规和强制性标准执行情况的监督检查；国务院发展计划部门对国家出资的重大建设项目实施监督检查的规定，以及国务院经济贸易主管部门对国家重大技术改造项目实施监督检查的规定；建设工程质量监督管理可以委托建设工程质量监督机构具体实施的规定；县级以上地方人民政府建设主管部门和其他有关部门应当加强对有关建设工程质量的法律、法规和强制性标准执行情况的监督检查；县级以上人民政府建设主管部门及其他有关部门进行监督检查时有权采取的措施；建设工程竣工验收备案制度的规定；有关单位和个人应当支持和配合建设工程监督管理主体对建设工程质量进行监督检查的规定；供水、供电、供气和公安消防等部门或单位不得滥用权力的规定；工程质量事故报告制度的规定；建设工程质量实行社会监督的规定等。

三、《建设工程安全生产管理条例》

为了加强建设工程安全生产监督管理，保障人民群众生命和财产安全，根据《建筑法》《安全生产法》，国务院于 2003 年 11 月发布了《建设工程安全生产管理条例》，这是我国第一部规范建设工程安全生产的行政法规，标志着我国建设工程安全生产管理实现了法制化、规范化。在中华人民共和国境内从事建设工程的新建、扩建、改建和拆除等有关活动及实施对建设工程安全生产的监督管理，必须遵守该条例。

《建设工程安全生产管理条例》全面总结了我国建设工程安全管理的实践经验，借鉴了国外发达国家建设工程安全管理的成熟做法，对建设活动各方主体的安全责任、政府监督管理、生产安全事故的应急救援和调查处理以及相应的法律责任做出了明确规定，确立了一系列符合中国国情以及适应社会主义市场经济要求的建设工程安全管理制度。

建设工程安全生产管理的方针是坚持"安全第一、预防为主"。建设单位、勘察单位、设计单位、施工单位、工程监理单位及其他与建设工程安全生产有关的单位等所有建设工程安全生产主体，依法承担建设工程安全生产责任。

（一）建设单位的安全责任和义务

建设单位的安全责任和义务的规定包括：向施工单位提供施工现场及毗邻区域内有关地下管线资料、气象和水文观测资料等；建设单位不得向其他建设工程安全生产责任主体提出不合理的要求；在编制工程预算时，应当考虑安全生产所产生的费用；不得明示或暗示施工单位购买、租赁和使用影响安全施工的各种用具和器材；在申请领取施工许可证时，应当提供建设工程有关安全施工措施的资料；工程发包方面的规定。

（二）勘察、设计单位的安全责任和义务

勘察、设计单位的安全责任和义务的规定包括：勘察成果质量基本要求；设计单位必须按相关法律、法规和工程建设强制性标准进行设计，且对涉及施工安全的重点部位和环节在设计文件中注明，并对防范生产安全事故提出指导意见。

（三）施工单位的安全责任和义务

施工单位的安全责任和义务的规定包括：施工单位市场准入条件和行为的规定；关于单位对建设工程安全生产负责和建立关于安全生产的各种责任、培训和安全检查制度的规定；关于工程概算中涉及安全生产的费用使用规定；关于安全生产管理机构设立、人员及对施工现场安全检查和汇报等的规定；关于总承包单位和分包单位安全生产责任承担的规定；有关特种作业人员上岗的规定；关于一些危险性较大的分部分项工程进行安全验算的规定；关于技术人员进行安全施工技术交底的规定；关于设置安全警示和施工现场分区的规定；关于施工现场、施工作业和特种设备等的安全责任、安全管理制度、安全防护和验收等的规定；关于安全教育培训制度的规定；关于为从事危险作业的人员办理意外伤害保险的规定。

（四）工程监理单位的安全责任和义务

工程监理单位的安全责任和义务的规定包括以下三个方面。

①工程监理单位应对施工组织设计中的安全技术措施或者专项施工方案进行审查。

②工程监理单位应对实施监理过程中发现的安全事故隐患进行处理。

③工程监理单位和监理工程师应当按照法律、法规和工程建设强制性标准实施监理，并对建设工程安全生产承担监理责任。

（五）建设工程安全的监督管理

建设工程安全监督管理的规定包括：关于国家实行建设工程安全生产管理制度的规定；关于主管部门进行安全施工措施审查的规定；关于县级以上人民政府负有建设工程安全生产监督管理职责的部门进行安全监督检查时有权采取的措施；关于建设主管部门可将施工现场的监督检查委托给建设工程安全监督机构具体实施的规定；关于对严重危及施工安全的工艺、设备和材料实行淘汰制度的规定。

四、《建设工程监理规范》

《建设工程监理规范》适用于新建、扩建和改建工程施工、设备采购和监造的监理工作，是工程监理必须遵循的国家标准。《建设工程监理规范》包括总则、术语、项目监理机构及其设施、监理规划及监理实施细则、施工阶段的监理工作、施工合同管理的其他工作、施工阶段监理资料的管理以及设备采购监理与设备监造等八个部分，另附有施工阶段监理工作的基本表式。

（一）项目监理机构

监理单位接受委托监理合同后，必须在施工现场建立项目监理机构，项目监理机构在完成合同约定的监理工作后方可撤离施工现场。《建设工程监理规范》对项目监理机构的要求如下。

①根据工程项目的具体情况和委托监理合同规定的服务内容，确定项目监理机构的组织形式、规模。

②项目监理机构的监理人员应专业配套，且数量满足工程项目监理工作的需要，且总监理工程师、总监理工程师代表及专业监理工程师须满足规定的资格条件。

③项目监理机构的组织形式、人员构成及对总监理工程师的任命以及监理人员变化的有关规定，应书面通知建设单位。

（二）监理人员职责

项目监理机构由总监理工程师、总监理工程师代表、专业监理工程师和监理员组成，《建设工程监理规范》详细规定了各监理人员应承担的职责，同时对担任总监理工程师和专业监理工程师的人员提出了资历要求。

（三）监理规划及监理实施细则

《建设工程监理规范》规定了监理规划及监理实施细则的编制要求、编制程序与依据、主要内容及其调整修改等。

（四）制定监理工作程序的一般规定

制定监理工作程序应根据专业工程特点，体现事前控制和主动控制的要求，注重工作效果，明确工作内容、行为主体、考核标准和工作时限，符合委托监理合同和施工合同，并根据实际情况的变化对程序进行调整和完善。

（五）施工准备阶段的监理工作

项目监理机构在施工准备阶段应做好的工作包括：熟悉设计文件；参加设计技术交底会；审查施工组织设计；审查施工单位现场项目管理机构的质量管理、技术管理和质量保证体系；审查分包单位资格报审表和有关资料并签认；检查测量放线控制成果及保护措施；审查施工单位报送的工程开工报审表及有关资料，符合条件时，由总监理工程师签发；参加第一次工地会议，并起草会议纪要等。

（六）工程质量控制工作

项目监理机构质量控制的规范要求包括：施工组织设计调整的审查；重点部位、关键工序的施工工艺和保证工程质量措施的审查；使用新材料、新工艺、新技术和新设备的控制措施；对施工单位实验室的考核；对拟进场的建筑材料、建筑构配件和设备的控制措施；直接影响工程质量的计量设备技术状况的定期检查；对施工过程进行巡视和检查的规定；旁站监理的内容；审核、签认分项工程、分部工程和单位工程的质量验评资料；对施工过程中出现的质量缺陷应采取的措施；质量事故的处理等。

（七）工程造价控制工作

项目监理机构造价控制的规范要求包括：进行工程计量、工程款支付和竣工结算的程序；应对工程项目造价目标进行风险分析，并应制定防范性对策；审查工程变更方案；做好工程计量和工程款支付工作；做好实际完成工程量和工作量与计划完成量的比较、分析，并制定调整措施；及时收集有关资料，为处理费用索赔提供依据；及时按有关规定做好竣工结算工作等。

（八）工程进度控制工作

项目监理机构进度控制的规定要求包括：进行工程进度控制的程序；审查施工单位报送的施工进度计划；制定进度控制方案，对进度目标进行风险分析，制定防范性对策；检查进度计划的实施，并根据实际情况采取措施；在监理月报中向建设单位报告工程进度及有关情况，并提出预防由建设单位原因导致工程延期及相关费用索赔的建议等。

（九）竣工验收阶段的工作

在竣工验收阶段，项目监理机构要做好以下工作：审查施工单位报送的竣工资料；进行工程质量竣工预验收，对存在的问题及时要求施工单位整改；签署工程竣工报验单，并提出工程质量评估报告；参加建设单位组织的竣工验收，并提供相关资料；对验收中提出的问题，要求施工单位进行整改；会同验收各方签署竣工验收报告。

（十）工程质量保修期的监理工作

项目监理机构在工程质量保修期要做好工程质量缺陷检查和记录工作；对施工单位的工程质量进行验收并签认；分析确定工程质量缺陷的原因和责任归属，并签署应付费用的工程款支付证书。

（十一）施工合同管理的其他工作

项目监理机构的质量控制、造价控制和进度控制等工作均需要按照合同约定进行。其他有关合同管理工作的规范要求包括：工程暂停和复工；工程变更的管理；费用索赔的处理；工程延期及工程延误的处理；合同争议的调解以及合同的解除等。

（十二）施工阶段监理资料的管理

对施工阶段监理资料管理的规范要求包括：施工阶段监理资料应包括的内容；施工阶段监理月报应包括的内容，以及编写和报送的有关规定；监理工作总结应包括的内容等有关规定；关于监理资料的管理事宜。

（十三）设备采购监理与设备监造监理

为适应工程监理工作延伸的要求，《建设工程监理规范》还对设备采购监理与设备监造监理工作提出了以下几方面内容。

①设备采购监理工作包括：组建项目监理机构；编制设备采购方案、采购计划；组织市场调查，协助建设单位选择设备供应单位；协助建设单位组织设备采购招标或进行设备采购的技术及商务谈判；参与设备采购订货合同的谈判，协助建设单位起草及签订设备采购合同；采购监理工作结束，总监理工程师应组织编写监理工作总结。

②设备监造监理工作包括：组建设备监造的项目监理机构；熟悉设备制

造图纸及有关技术说明，并参加设计交底；编制设备监造规划；审查设备制造单位生产计划和工艺方案；审查设备制造分包单位资质；审查设备制造的检验计划、检验要求等；规定设备采购监理与设备监造监理的资料。

五、《房屋建筑工程施工旁站监理管理办法（试行）》

由建设部发布，并于 2002 年 7 月 17 日起施行的《房屋建筑工程施工旁站监理管理办法（试行）》是对《建设工程质量管理条例》和《建设工程监理规范》有关旁站监理规定的深化。实施旁站监理最重要的是解决工程质量管理中存在的问题，确保关键部位、关键工序的质量，从而充分发挥工程监理在工程施工过程中的组织、协调作用。规范性文件要求在工程施工阶段的监理工程中实行旁站监理，并明确了旁站监理的工作程序、内容及旁站监理人员的职责。

（一）旁站监理的概念

旁站监理是指监理人员在房屋建筑工程施工阶段监理中，对关键部位、关键工序的施工质量实施全过程现场跟班的监督活动。旁站是监理的基本工作方式，是监理的基础性工作。

在实施旁站监理工作中，如何确定工程的关键部位、关键工序，必须结合具体的专业工程而定。以房屋建筑工程为例，对于关键部位、关键工序，基础工程包括土方回填，混凝土灌注桩浇筑，地下连续墙、土钉墙、后浇带及其他结构混凝土、防水混凝土浇筑，以及卷材防水层细部构造处理等；主体结构工程包括梁柱节点钢筋隐蔽过程、混凝土浇筑预应力张拉、装配式结构安装、钢结构安装、网架结构安装和索膜安装等。

（二）旁站监理的程序

旁站监理的程序如下。

①监理单位在编制监理规划时，应当制定旁站监理方案，明确旁站监理的范围、内容、程序和旁站监理人员职责等。旁站监理方案应当送建设单位和施工单位各一份，并抄送工程所在地的建设主管部门或其委托的工程质量监督机构。

②施工单位根据监理单位制定的旁站监理方案，在需要实施旁站监理的关键部位、关键工序进行施工前 24 h，应当书面通知监理企业派驻工地的项目监理机构。

③项目监理机构应当安排旁站监理人员按照旁站监理方案实施旁站监理。

（三）旁站监理人员的工作内容和职责

旁站监理人员的工作内容和职责包括以下几个方面。

①检查施工单位现场质检人员、特殊工种人员持证上岗情况以及施工机械、建筑材料准备情况。

②在现场跟班监督关键部位、关键工序的施工执行施工方案以及工程建设强制性标准情况。

③核查进场建筑材料、建筑构配件、设备和商品混凝土的质量检验报告等，并可在现场监督施工单位进行检验或者委托具有资格的第三方进行复验。

④做好旁站监理记录和监理日记，保存旁站监理原始资料。

（四）旁站监理的其他规定

对于旁站监理，还需符合以下规定。

①凡旁站监理人员和施工企业现场质检人员未在旁站监理记录上签字的，不得进行下一道工序施工。

②旁站监理人员实施旁站监理时，发现施工企业有违反工程建设强制性标准行为的，有权责令施工企业立即整改；发现其施工活动已经或可能危及工程质量的，应当及时向监理工程师或者总监理工程师报告，由总监理工程师下达局部暂停施工指令或者采取其他应急措施。

③凡没有实施旁站监理或者没有旁站监理记录的，监理工程师或者总监理工程师不得在相应文件上签字。

④建设主管部门应当加强对旁站监理的监督检查，对于不按照《房屋建筑工程施工旁站监理管理办法（试行）》实施旁站监理的监理企业和有关监理人员要进行通报，责令整改，并作为不良记录载入该企业和有关人员的信用档案；情节严重的，在资质年检时应定为不合格，并按照下个资质等级重新核定其资质等级；对于不按照《房屋建筑工程施工旁站监理管理办法（试行）》实施旁站监理而发生工程质量事故的，除依法对有关责任单位进行处罚外，还要依法追究监理企业和有关监理人员的相应责任。

第三章　工程建设项目监理模式的建设

我国自 20 世纪 80 年代推行工程建设监理制度以来，监理行业取得了长足的发展，对工程建设的投资、质量、进度三大控制目标取得了明显效果，提高了工程的经济效益，得到了其他行业及业主的认可。本章详细地阐述了工程建设项目监理的目标控制、工程建设项目监理的组织与协调以及工程建设项目监理的规划等内容。

第一节　工程建设项目监理的目标控制

一、工程建设项目监理的目标

工程建设项目监理的目标是：控制工程费用、进度和质量。合同管理、信息管理和全面的组织协调，是实现费用、进度、质量目标所必须运用的控制手段和措施。但只有确定了费用、进度和质量目标值，监理单位才能对工程项目进行有效的监理管理。费用、进度和质量是一个既统一又相互矛盾的目标系统。在确定每个目标值时，都要考虑到对其他目标的影响。但是，其中工程安全可靠性和使用功能目标以及施工质量合格目标，必须优先予以保证，并要求最终达到目标系统最优。在监理目标值确定之后，即可进一步确定计划，采取各种控制协调措施，力争实现监理目标值。

二、目标控制的基本原理

项目目标控制是一项系统工程。所谓控制就是按照计划目标和组织系统，对系统各个部分进行跟踪检查，以保证协调地实现总体目标。

控制的主要任务，是把计划执行情况与计划目标进行比较，找出差距，对比较的结果进行分析，排除和预防产生差距的原因，使总体目标得以实现。

项目控制是控制论与工程项目管理实践相结合的产物，具有很强的实用性。由于工程项目的一次性特点，将前馈控制、反馈控制、主动控制、被动控制等基本概念用到工程监理中是非常有效的，有助于提高监理人员的主动监理意识。

（一）前馈控制与反馈控制

项目中控制形式分为两种：一种是前馈控制，又称为开环控制；另一种是反馈控制，又称为闭环控制，如图 3-1 所示。

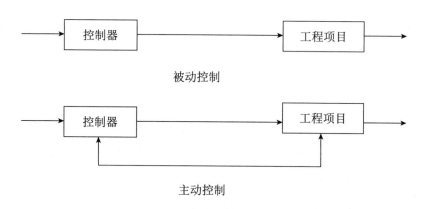

图 3-1 项目中控制形式

两种控制形式的主要区别是有无信息反馈。就工程项目而言，控制器是指工程项目的管理者。前馈控制对控制器的要求非常严格，即前馈控制系统中的人必须具有开发的意识。而反馈控制可以利用信息流的闭合，调整控制强度，因而对控制器的要求相对较低。

对于一个工程项目而言，理论上讲，从工程项目的一次性特征考虑，在项目控制中均应采用前馈控制形式。但是，由于项目受本身复杂性和人们预测能力局限性等因素的影响，反馈控制形式在监理工程师的控制活动中显得同样重要和可行。

工程项目实施中的反馈信息，由于受各种因素影响，将出现不稳定现象，即信息振荡现象，项目控制论中称负反馈现象。从工程项目控制理解，所谓负反馈就是反馈信息失真，管理者由此决策将影响工程费用、进度、质量三大目标的实现。因此，在工程施工过程中，监理人员必须避免负反馈现象的发生。

（二）动态控制

工程项目的动态控制分为两种情况。一种是发现目标产生偏离，分析原因，采取措施，称为被动控制。另一种是预先分析，估计工程项目可能发生的偏离，采取预防措施进行控制，称为主动控制，如图 3-2 所示。

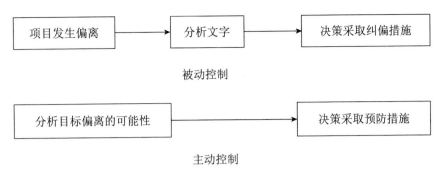

图 3-2　工程项目主、被动控制示意图

工程项目的一次性特点，要求监理工程师具有较强的主动控制能力，而且工程合同和施工规范都给监理工程师实施主动控制提供了条件。但工程项目建设是极为复杂的，涉及的因素多，跨越的范围广。因此，根据工程实际，在工程监理实施过程中，除采取主动控制外，也应辅之以被动控制方法，主、被动控制的合理使用，是监理工程师做好工作的保证之一，也反映了监理工程师的水平高低。

目标的动态控制是一个有限的循环过程，应贯穿工程项目实施阶段的全过程。动态控制的过程可分为三个基本步骤：确定目标，检查成效，纠正偏差。动态控制应在监理规划指导下进行，其要点如下。

①控制是动态的。

②提倡主动控制。

③控制的方法是检查、分析、监督、引导和纠正。

④控制是针对被控系统而言的，既要对被控系统进行全过程控制，又要对其所有要素进行全面控制。

⑤控制是一定的主体为实现一定的目标而采取的一种行为。要实现最优化控制，必须满足两个条件：一是要有一个合格的主体；二是要有明确的系统目标。

⑥控制是按实现拟订的计划目标值进行的。控制活动就是检查实际发生的情况与计划目标值是否存在着偏差，偏差是否在允许范围之内，是否应采取控制措施及采取何种措施以纠正偏差。

⑦控制是一个大系统，控制系统包括组织、程序、手段、措施、目标和信息 6 个分系统。其中信息分系统贯穿项目实施的全过程。

第二节 工程建设项目监理的组织与协调

一、组织的基本原理

工程项目组织的基本原理就是组织论，它是关于组织应当采取何种组织结构才能提高效率的观点、见解和方法的集合。组织论主要研究系统的组织结构模式和组织分工，以及工作流程组织，它是人类长期实践的总结，是管理学的重要内容。

一般认为，现代的组织论研究分为两个相互联系的分支学科，一是组织结构学，它主要侧重于组织静态研究，目的是建立一种精干、高效、合理的组织结构；二是组织行为学，它侧重于组织动态的研究，目的是建立良好的组织关系。本节主要介绍组织结构学的内容。

（一）组织机构活动基本原理

1.要素有用性原理

一个组织系统中的基本要素有人力、财力、物力、信息、时间等，这些要素都是必要的，但每个要素的作用大小是不一样的，而且会随着时间、场合的变化而变化。所以在组织活动过程中应根据各要素在不同的情况下的不同作用进行合理安排、组合和使用，做到人尽其才、财尽其利、物尽其用，尽最大可能提高各要素的利用率。

一切要素都有用，这是要素的共性。然而要素除了有共性外，还有个性。如同样是工程师，由于专业、知识、经验、能力不同，各人所起的作用就不相同。因此，管理者要具体分析各个要素的特殊性，以便充分发挥每一要素的作用。

2.动态相关性原理

组织系统内部各要素之间既相互联系，又相互制约；既相互依存，又相互排斥。这种相互作用的因子称为相关因子，充分发挥相关因子的作用，是提高组织管理效率的有效途径。事物在组合过程中，由于相关因子的作用，可以发生质变，一加一可以等于二，也可以大于二，还可以小于二，整体效应不等于各局部效应的简单相加，这就是动态相关性原理。组织管理者的重要任务就在于使组织机构活动的整体效应大于各局部效应之和，否则，组织就没有存在的意义了。

3.主观能动性原理

人是生产力中最活跃的因素，因为人是有生命的、有感情的、有创造力的。人会制造工具，会使用工具劳动并在劳动中改造世界，同时也在改造自己。组织管理者应该充分发挥人的主观能动性，只有当主观能动性发挥出来时才会取得最佳效果。

4. 规律效应性原理

规律是客观事物内部的、本质的、必然的联系。一个成功的管理者应懂得，只有努力揭示和掌握管理过程中的客观规律，按规律办事，才能取得好的效果。

（二）组织与组织构成因素

1. 组织

组织一词的含义比较宽泛，在组织结构学中，它表示结构性组织，是为了使系统达到特定目标而使全体参与者经分工协作及设置不同层次的权力和责任制度构成的一种组合体，如项目组织、企业组织等。组织包括三个方面的含义：目标是组织存在的前提；组织以分工协作为特点；组织具有一定层次的权力和责任制度。

工程项目组织是指为完成特定的工程项目任务而建立起来的，从事工程项目具体工作的组织。该组织是在工程项目寿命期内临时组建的，是暂时的，只是为完成特定的目的而成立的。工程项目中，由目标产生工作任务，由工作任务决定承担者，由承担者形成组织。

2. 组织构成因素

一般来说，组织由管理跨度、管理职能、管理层次、管理部门四大因素构成，呈上小下大的形式，四大因素密切相关、相互制约。

（1）管理跨度

管理跨度是指一个主管直接管理下属人员的数量。在组织中，某级管理人员的管理跨度大小直接取决于这一级管理人员所要协调的工作量，跨度大，处理人与人之间关系的数量随之增大。跨度太大时，领导者和下属接触频率会很高。

（2）管理职能

组织机构设计确定的各部门的职能，在纵向要使指令传递、信息反馈及时，在横向要使各部门相互联系、协调一致。

（3）管理层次

管理层次是指从组织的最高管理者到最基层的实际工作人员的等级层次。管理层次可以分为三个层次，即决策层、协调层和执行层、操作层，三个层次的职能要求不同，即表示不同的职责和权限，由上到下权责递减，人数却递增。组织必须形成一定的管理层次，否则其运行将陷于无序状态；管理层次也不能过多，否则会造成资源和人力的巨大浪费。

（4）管理部门

按照类别对专业化分工的工作进行分组，以便对工作进行协调，即为部门化。管理部门可以根据职能来划分，可以根据产品类型来划分，可以根据地区来划分，也可以根据顾客类型来划分。组织中各部门的合理划分对发挥组织效能非常重要，如果划分不合理，就会造成控制、协调困难，从而浪费人力、物力、财力。

（三）组织结构设计

组织结构就是指在组织内部构成和各部门间所确定的较为稳定的相互关系与联系方式。简单地说，就是指对工作如何进行分工、分组和协调合作。组织结构设计是对组织活动和组织结构的设计过程，目的是提高组织活动的效能，是管理者在建立系统有效关系中的一种有意识的过程，既要考虑外部因素，又要考虑内部因素。组织结构设计通常要考虑下列六项基本原则。

1. 工作专业化与协作统一

强调工作专业化的实质就是要求每一个人专门从事工作活动的一部分，而不是全部。通过重复性的工作使员工的技能得到提高，从而提高组织的运行效率。在组织机构中还要强调协作统一，就是明确组织机构内部各部门之间和各部门内部的协调关系与配合方法。

2. 才职相称

通过考察个人的学历与经历或其他途径，了解其知识、才能、气质、经验，进行比较，使每个人具有的和可能具有的才能与其职务上的要求相适应，做到才职相称，才得其用。

3. 命令链

命令链是指存在于从组织的最高层到最基层的一种不间断的权力路线。每个管理职位对应着一定的人，每个人在命令链中都有自己的位置；同时，每个管理者为完成自己的职责任务，都要被授予一定的权力。也就是说，一个人应该只对一个主管负责。

4. 管理跨度与管理层次相统一

在组织结构设计的过程中，管理跨度和管理层次成反比关系。在组织机构中当人数一定时，如果跨度大，则层次可适当减少；反之，如果跨度缩小，则层次就会增多。所以，在组织结构设计的过程中，一定要全面考虑各种影响因素，科学确定管理跨度和管理层次。

5. 集权与分权统一

在任何组织中，都不存在绝对的集权和分权。从本质上来说，这是一个决策权应该放在哪一级的问题。高度的集权造成盲目和武断，过分的分权则会导致失控、不协调。所以，在组织结构设计中，在相应的管理层次是否采取集权或分权的形式要根据实际情况来确定。

6. 正规化

正规化是指组织中的工作实行标准化。应该通过提高标准化的程度来提高组织的运行效率。

二、工程建设项目监理的协调

（一）项目监理协调的概念

所谓协调，就是以一定的组织形式、手段和方法，对项目中产生的不畅关系进行疏通，对产生的干扰和障碍予以排除的活动。项目的协调其实就是一种沟通，沟通确保能够及时和适当地对项目信息进行收集、分发、储存和处理，并对可预见问题进行必要的控制，以利于项目目标的实现。

项目系统是一个由人员、物质、信息等构成的人为组织系统，是由若干相互联系而又相互制约的要素有组织、有秩序地组成的具有特定功能和目标的统一体。项目的协调关系一般来说可以分为三大类：一是"系统 / 环境界面"；二是"系统 / 系统界面"；三是"人员 / 人员界面"。

1. 系统 / 环境界面

项目系统在运作过程中，必须和周围的环境相适应，所以项目系统必然是一个开放的系统。它能主动地向外部世界取得必要的能量、物质和信息。在这个过程中，存在许多障碍和阻力。这种系统与环境之间的间隔，就是所谓的"系统 / 环境界面"。

工程项目建设协调管理就是在"人员 / 人员界面""系统 / 系统界面""系统 / 环境界面"之间，对所有的活动及力量进行联结、联合、调和。

由动态相关性原理可知，总体的作用规模要比各子系统的作用规模之和大，因而要把系统作为一个整体来研究和处理。为了顺利实现工程项目建设系统目标，必须重视协调管理，发挥系统整体功能。要保证项目的各参与方围绕项目开展工作，组织协调很重要，只有通过积极的组织协调才能使项目目标顺利实现。

2. 系统／系统界面

如果把项目系统看作一个大系统，则可以认为它实际上是由若干个子系统组成的一个完整体系。各个子系统的功能不同、目标不同，内部工作人员的利益不同，容易产生各自为政的趋势和相互推托的现象。这种子系统和子系统之间的间隔，就是所谓的"系统／系统界面"。

3. 人员／人员界面

项目组织是人的组织，是由各类人员组成的。人的差别是客观存在的，由于每个人的经历、心理、性格、习惯、能力、任务、作用的不同，在一起工作时，必定存在潜在的人员矛盾或危机。这种人和人之间的间隔，就是所谓的"人员／人员界面"。

（二）项目监理协调的内容

1. 项目监理组织内部协调

项目监理组织内部协调包括人际关系和组织关系的协调。项目组织内部人际关系指项目监理部内部各成员之间以及项目总监和下属之间的关系总和。内部人际关系的协调主要是通过各种交流、活动，增进相互之间的了解和亲和力，促进相互之间的工作支持。还可以通过调解、互谅互让来缓和工作之间的利益冲突，化解矛盾，增强责任感，提高工作效率。项目内部要用人所长，责任分明、实事求是地对每个人的绩效进行评价和激励。组织关系协调是指项目监理组织内部各部门之间工作关系的协调，如项目监理组织内部的岗位、职能制度的设置等，具体包括各部门之间的合理分工和有效协作。分工和协作同等重要，合理的分工能保证任务之间平衡匹配，有效协作既避免了相互之间的利益分割，又提高了工作效率。组织关系的协调应注意以下几个原则。

①要明确每个机构的职责。

②设置组织机构要以职能划分为基础。

③要通过制度明确各机构在工作中的相互关系。

④要建立信息沟通制度，制定工作流程图。

⑤要根据矛盾冲突的具体情况及时灵活地加以解决。

2. 项目监理近外层协调

近外层协调包括与业主、设计单位、总包单位、分包单位等的关系协调，项目与近外层关联单位一般有合同关系，包括直接的和间接的合同关系。工程项目实施的过程中，与近外层关联单位的联系相当密切，大量的工作需要互相支持和配合协调，能否如期实现项目监理目标，关键就在于近外层协调工作做得好不好。可以说，近外层协调是所有协调工作中的重中之重。

要做好近外层协调工作，必须做好以下几个方面的工作。

首先，要理解项目总目标，理解建设单位的意图。项目总监必须了解项目构思的基础起因、出发点，了解决策背景，了解项目总目标。在此基础上，再对总目标进行分解，对其他近外层关联单位的目标也要做到心中有数。只有正确理解了项目目标，才能掌握协调工作的主动权，做到有的放矢。

其次，以合同为基础，明确各关联单位的权利和义务，平等地进行协调。工程项目实施的过程中，合同是所有关联单位的最高行为准则和规范。合同规定了相关工程参与单位的权利和义务，所以必须有牢固的合同观念，要清楚哪些工作是由什么单位做的，什么时候完成，要达到什么样的标准。如果出现问题，是哪个单位的责任，同时也要清楚自己的义务。例如，在工程实施过程中，承包单位如果违反合同，监理必须以合同为基础，坚持原则，实事求是严格按规范、规程办事。只有这样，才能做到有理有据，在工作中树立监理的权威。

再次，注重语言艺术和感情交流。协调不仅是方法问题、技术问题，更多的是语言艺术、感情交流。同样的一句话，在不同的时间、地点，以不同的语气、语速说出来，给当事人的感觉大不一样，所产生的效果也不相同。所以，有时我们会看到，尽管协调意见是正确的，但由于表达方式不妥，反而会激化矛盾。而高超的协调技巧和能力往往起到事半功倍的效果，令各方面都满意。在协调的过程中，要多换位思考，多做感情交流，只有在工作中不断积累经验，才能提高协调能力。

还要利用工作之便做好监理宣传工作，增进各关联单位对监理工作的理解，特别是对项目管理各方职责及监理程序的理解。虽然我国推行建设工程监理制度已有多年，可是社会对监理工作的性质还是有很多不正确的看法，甚至是误解。因此，监理单位应当在工作中尽可能地主动做好宣传工作，争取到各关联单位对自己工作的支持。例如，主动帮助建设单位处理项目中的事务性工作，以自己规范化、标准化、制度化的工作去影响和促进双方工作的协调。

最后，尊重各相关联单位。近外层相关联单位在一起参与工程项目建设，说到底最终目标还是一致的，就是完成项目的总目标。因而，在工程实施的过程中，出现问题、纠纷时一定要本着互相尊重的态度进行处理。对于承包单位，监理工程师应强调各方面利益的一致性和项目总目标，尽量少对承包单位行使处罚权或经常以处罚威胁，应鼓励承包单位将项目实施状况、实施结果和遇到的困难及意见向自己汇报，以寻找对目标控制可能的干扰。双方了解得越多越深刻，监理工作中的对抗和争执就越少，出现索赔事件的可能性就越小。一个懂得坚持原则，又善于理解和尊重承包单位项目经理的意见，工作方法灵活，随时可能提出或愿意接受变通办法的监理工程师肯定是受欢迎的，因而他的工作必定是高效的。

对分包单位的协调管理，主要是对分包单位明确合同管理范围，分层次管理。将总包合同作为一个独立的合同单元进行投资、进度、质量控制和合同管理，不直接和分包合同发生关系。对分包合同中的工程质量、进度进行直接跟踪监控，通过总包商进行调控、纠偏。分包商在施工中发生的问题，由总包商负责协调处理，必要时，监理工程师帮助协调。当分包合同条款与总包合同条款发生抵触，以总包合同条款为准。此外，分包合同不能解除总包商对总包合同所承担的任何责任和义务，分包合同发生的索赔问题，一般由总包商负责，涉及总包合同中业主义务和责任时，由总包商通过监理工程师向业主提出索赔，由监理工程师进行协调。

对于建设单位，尽管有预定的目标，但项目实施必须执行建设单位的指令，使建设单位满意。如果建设单位提出了某些不适当的要求，则监理一定要把握好。如果一味迁就，则势必造成承包单位的不满，对监理工作的公平性产生怀疑，给自己工作带来不便。此时，可利用适当时机，采取适当方式加以说明或解释，尽量避免发生误解，以使项目进行顺利。对于设计单位，监理单位和设计单位之间没有直接的合同关系，但从工程实施的实践来看，监理和设计之间的联系还是相当密切的，设计单位为工程项目建设提供图纸，以及为工程变更设计图纸等，是工程项目主要相关联单位之一。在协调的过程中，一定要尊重设计单位的意见，如主动组织设计单位介绍工程概况、设计意图、技术要求、施工难点等；在图纸会审时请设计单位交底，明确技术要求，把标准过高、设计遗漏、图纸差错等问题解决在施工之前；在施工阶段，严格监督承包单位按设计图施工，主动向设计单位介绍工程进展情况，以便促使他们按合同规定或提前出图；若监理单位掌握比原设计更先进的新技术、新工艺、新材料、新结构、新设备时，可主动向设计单位推荐，支持设计单位技术革新等；为使设计单位有修改设计的余地而不影响施工进度，可与设计单位达成协议，限定一个期限，争取设计单位、承包单位的理解和配合，如果逾期，设计单位要负责由此而造成的经济损失；结构工程验收、专业工程验收、竣工验收等工作，请设计代表参加；发生质量事故，认真听取设计单位的处理意见；在施工中，发现设计问题，应及时主动通过建设单位向设计单位提出，以免造成大的直接损失。

3. 项目远外层协调

远外层与项目监理组织不存在合同关系，只是通过法律、法规和社会公德来进行约束，相互支持、密切配合、共同服务于项目目标。在处理关系和解决矛盾过程中，应充分发挥中介组织和社会管理机构的作用。一个工程项目的开展还受政府部门及其他单位的影响，如金融组织、社会团体、服务单位、新闻媒介等，他们对工程项目起着一定的或决定性的控制、监督、支持、帮助作用，这层关系若协调不好，工程项目实施也可能受到影响。

（1）与社会团体关系的协调

一些大中型工程项目建成后，不仅会给建设单位带来效益，还会给该地区的经济发展带来好处，同时给当地人民生活带来便利，因此必然会引起社会各界关注。建设单位和监理单位应把握机会，争取社会各界对工程建设的关心和支持，如争取媒体、社会组织或团体的关心和支持，这是一种对社会环境的协调。

（2）与政府部门的协调

①监理单位在进行工程质量控制和质量问题处理时，要做好与工程质量监督站的交流和协调。工程质量监督站是由政府授权的工程质量监督的实施机构，对委托监理的工程，工程质量监督站主要是核查勘察设计、施工承包单位和监理单位的资质，监督项目管理程序和抽样检验。当参加验收各方对工程质量验收意见不一致时，可请当地建设行政主管部门或工程质量监督机构协调处理。

②当发生重大质量、安全事故时，监理单位在配合承包单位采取急救、补救措施的同时，应督促承包单位立即向政府有关部门报告情况，接受检查和处理，积极主动配合事故调查组的调查，如果事故的发生有监理单位的责任，则应当主动要求回避。

③建设工程合同应当送公证机关公证，并报政府建设管理部门备案；征地、拆迁、移民要争取政府有关部门的支持和协调；现场消防设施的配置，应请消防部门检查认可；施工中还要注意防止环境污染，特别是防止噪声污染，坚持做到文明施工，同时督促承包单位协调好和周围单位及居民区的关系。

（三）项目监理协调的范围和层次

一般认为，协调的范围可以分为对系统内部的协调和对系统的外层协调。对于项目监理组织来说，系统内部的协调包括项目监理部内部协调、项目监理部与监理企业的协调；从项目监理组织与外部世界的联系程度看，项目监理组织外层协调又可以分为近外层协调和远外层协调。近外层和远外层的主要区别是，项目监理组织与近外层关联单位一般有合同关系，包括直接的和间接的合同关系，如与业主、设计单位、总包单位、分包单位等的关系；而远外层关联单位一般没有合同关系，但却受法律、法规和社会公德等的约束，如与政府、项目周边环保、交通、环卫、绿化、文物、消防、公安等单位的关系。

（四）项目监理协调的方法

协调工作千头万绪，涉及面广，受主观和客观因素影响较大。为保证监理工作顺利进行，要求监理工程师知识面要宽，要有较强的工作能力，能够因地制宜、因时制宜地处理问题。监理工程师协调可采用以下方法。

1. 交谈协调法

并不是所有问题都需要开会来解决，有时可采用交谈这一方法。交谈包括面对面的交谈和电话交谈两种形式。由于交谈本身没有合同效力，加上其方便性和及时性，所以建设工程参与各方之间及监理机构内部都愿意采用这一方法进行协调。实践证明，交谈是寻求协作和帮助的最好方法，因为在寻求别人帮助、协作时，往往要及时了解对方的反应和意见，以便采取相应的对策。另外，相对于书面寻求协作，人们更难于拒绝面对面的请求。采用交谈方式请求协作和帮助比采用书面方法实现的可能性要大，所以无论是内部协调还是外部协调，这种方法的使用频率都是相当高的。

2. 会议协调法

在工程项目监理实践中，会议协调法是最常用的一种协调方法。一般来说，它包括第一次工地会议、监理例会、专题现场协调会等。

（1）第一次工地会议

第一次工地会议是在建设工程尚未全面展开前，由参与工程建设的各方互相认识、确定联络方式的会议，也是检查开工前各项准备工作是否就绪并明确监理程序的会议。会议由建设单位主持召开，建设单位、承包单位和监理单位的授权代表必须出席会议，必要时分包单位和设计单位也可参加，各方将在工程项目中担任主要职务的负责人及高级人员也应参加。第一次工地会议很重要，是项目开展前的宣传通报会。

（2）监理例会

监理例会是由监理工程师组织与主持，按一定程序召开的，研究施工中出现的计划、进度、质量及工程款支付等问题的工地会议。参加者有总监理工程师代表及有关监理人员、承包单位的授权代表及有关人员、建设单位代表及有关人员。监理例会召开的时间根据工程进展情况安排，一般有周、旬、半月和月度例会等几种。工程监理中的许多信息和决定是在监理例会上产生和决定的，协调工作大部分也是在此进行的，因此监理工程师必须重视监理例会。

3. 访问协调法

访问协调法主要用于远外层的协调工作中，也可以用于建设单位和承包单位的协调工作中，有走访和邀访两种形式。走访是指协调者在建设工程施工前或施工过程中，对与工程施工有关的各政府部门、公共事业机构、新闻媒介或工程毗邻单位等进行访问，向他们解释工程的情况，了解他们的意见。邀访是指协调者邀请相关单位代表到施工现场对工程进行巡视，了解现场工作。因为在多数情况下，这些有关方面并不了解工程，不清楚现场的实际情况，如果进行一些不恰当的干预，会对工程产生不利影响，此时采用访问法可能是一个相当有效的协调方法。大多数情况下，对于远外层的协调工作，一般由建设单位主持，监理工程师主要起协助作用。

4. 书面协调法

当其他协调方法效果不好或需要精确地表达自己的意见时，可以采用书面协调的方法。书面协调法的最大特点是具有合同效力，包括以下几类。

①监理指令、监理通知、各种报表、书面报告等。

②以书面形式向各方提供详细信息和情况通报的报告、信函和备忘录等。

③会议记录、纪要、交谈内容或口头指令的书面确认。

各相关方对各种书面文件一定要严肃对待，因为它具有合同效力。如对于承包单位来讲，监理工程师的书面指令或通知是具有一定强制力的，即使有异议，也必须执行。

第三节　工程建设项目监理的规划

一、工程建设项目监理规划的相关概念

（一）监理大纲

监理大纲又称监理方案，它是监理单位在建设单位开始委托监理的过程中，特别是在建设单位进行监理招标的过程中，为承揽到监理业务而编写的监理方案性文件。监理单位编制监理大纲有以下两个作用：一是使建设单位

认可监理大纲中的监理方案，从而承揽到监理业务；二是为项目监理机构今后开展监理工作制定基本的方案。

（二）监理实施细则

监理实施细则又简称监理细则，其与监理规划的关系可以比作施工图设计与初步设计的关系。也就是说，监理实施细则是在监理规划的基础上，由项目监理机构的专业监理工程师针对建设工程中某一专业或某一方面的监理工作编写，并经总监理工程师批准实施的操作性文件。监理实施细则的作用是指导本专业或本子项目具体监理业务的开展。

（三）监理规划

监理规划是监理单位接受建设单位委托并签订委托监理合同之后，在项目总监理工程师的主持下，根据委托监理合同，在监理大纲的基础上，结合工程的具体情况，广泛收集工程信息和资料的情况下制定，经监理单位技术负责人批准，用来指导项目监理机构全面开展监理工作的指导性文件。

从内容范围上讲，监理大纲与监理规划都是围绕着整个项目监理机构所开展的监理工作来编写的，但监理规划的内容要比监理大纲更翔实、更全面。

监理大纲、监理规划、监理实施细则是相互关联的，都是建设工程监理工作文件的组成部分，它们之间存在着明显的依存关系：在编写监理规划时，一定要严格根据监理大纲的有关内容来编写；在制定监理实施细则时，一定要在监理规划的指导下进行。一般来说，监理单位开展监理活动应当编制以上工作文件。但这也不是一成不变的，就像工程设计一样。对于简单的监理活动只编写监理实施细则就可以了，而有些建设工程也可以制定较详细的监理规划，而不再编写监理实施细则。

二、工程建设项目监理规划编制的依据

第一，工程建设方面的法律、法规。工程建设方面的法律、法规具体包括三个方面：国家颁布的有关工程建设的法律、法规；工程所在地或所属部门颁布的与工程建设相关的规定和政策；工程建设的各种标准、规范。

第二，政府批准的工程建设文件。政府批准的工程建设文件包括两个方面：政府工程建设主管部门批准的可行性研究报告、立项批文；政府规划部门确定的规划条件、土地使用条件、环境保护要求、市政管理规定。

第三，建设工程监理合同，以及其他建设工程合同以及监理大纲。

第四章 工程建设项目的质量管理

工程项目质量是指满足一个国家现行的，在有关法律、法规、技术标准、设计文件及工程合同中，对工程项目质量特性的综合要求的程度，包括工程建设各个阶段的质量及其相应的工作质量。

第一节 工程建设项目质量管理概述

质量是指产品、体系或过程的一组固有特性，有满足顾客和其他相关方要求的能力，它可使用形容词如差、好或优秀来修饰。

其中，过程指使用资源将输入转化为输出的活动的系统；产品则是过程的结果；体系又称系统，指相互关联或相互作用的一组要素。顾客指接受产品的组织或个人；相关方指与组织的业绩或成就有利益关系的个人或团体，如顾客、所有者、员工、供方、银行、行业协会、合作伙伴和社会等。要求指明示的、习惯上隐含的或必须履行的需求或期望。

一、工程建设项目质量

工程建设项目质量管理的目的，是为项目的用户（顾客、项目的相关者等）提供一个高质量的工程产品和服务，令顾客满意。项目质量管理目标和过程适用于所有项目管理职能和过程，包括项目决策的质量、项目计划的质量、项目控制。项目质量管理的主要对象是工程质量，它是一个综合性的指标，包括如下几个方面。

①工程投产运行后，所生产的产品（或服务）的质量，该工程的可用性、使用效果和产出效益，运行的安全度和稳定性。

②工程结构设计和施工的安全性与可靠性。

③所使用的材料、设备、工艺、结构的质量以及它们的耐久性和整个工程的寿命。

④工程的其他方面，如外观造型、与环境的协调、项目运行费用的高低以及可维护性和可检查性等。

（一）工程建设项目质量的内涵

工程建设项目质量，是指工程项目所固有的特性满足要求的程度。工程建设项目是工程建设运营的过程和方式，是建设生产管理和服务的对象及其结果。工程建设项目质量不仅包括活动和过程的结果及质量，还包括活动和过程本身。具体地说，主要包括工程建设项目的结果——产品的质量，工程建设项目运行中的过程质量、服务质量和工作质量。

实际工作中，无论是施工单位还是顾客，对工程建设项目质量含义的理解往往停留在最终工程实体的质量标准上，对工程质量的评价也只是依据某个标准进行独立的评判，唯一看重的是施工活动和过程的最终结果，这是静态和狭隘的理解。动态、全面的理解则是：工程建设项目质量不仅包括活动和过程的结果，还包括活动和过程本身，即生产活动的全过程。我们必须从广义上理解工程建设项目质量的概念，而不能仅仅把认识停留在工程的实体质量上。过去对工程质量的管理通常是一种事后的行为，楼倒人伤后才想起应该追究有关方面的工程质量责任，这时即使对责任主体依法惩处，也无法挽回已经造成的损失。但是，如果在工程质量形成过程中就对参建单位的建设活动进行规范化管理，就可以将工程隐患消灭在萌芽状态，这样做虽然看上去加大了工作量，但却可以有效地解决工程质量问题。

（二）工程建设项目质量的特点

1. 影响因素多

工程建设项目质量不仅受项目决策、设计、材料、机械、施工工艺、施工方案、操作方法、技术措施、管理制度、施工人员素质等人为因素的直接或间接影响，还受气候、地理、地区资源等环境因素的影响。

2. 质量波动大

工程项目无法根据固定的生产流水线进行批量生产，而且一般在露天环境下生产，无稳定的生产环境，所以质量波动大。

3. 质量变异大

工程项目的生产强调协调性、连续性以及总体性，任何一个环节、一个因素出现问题，均会使整个工程项目系统受到影响，产生质量变异，使工程项目的质量受到损害，甚至出现质量事故。

4. 质量隐蔽性

工程项目生产的协调性同样造成生产过程中上一工序的生产结果为下一

工序所掩盖，产生隐蔽工程，导致工程项目竣工后的终检验收带有一定的困难。应该及时检查发现质量问题并加强工序的质量管理，不能在事后仅凭经验直觉判断。

5. 意义重大

工程项目质量的优劣不仅有经济意义，即投入是否能带来利润，还有保证人民生命财产安全的社会意义。

（三）工程建设项目质量的特性

工程建设项目质量的特性主要表现在如下三个方面。

1. 适用性

适用性即功能，是指工程项目满足建设目的的性能，也是工程项目建成后满足使用过程中的各项要求的性能。工程项目竣工投入使用后必须符合业主的意图，如民用住宅工程项目是能使居住者安居；工业厂房要能满足生产活动的需要；道路、桥梁、铁路、航道要能通达便捷；防汛墙、防洪堤要能抵御洪水泛滥；港口、码头等各类设施、各类公共建筑、园林、绿化都要能实现使城乡经济繁荣，为生活增添色彩的建设意图。

工程项目的组成部件、配件也要能满足其使用功能，如各类构配件要尺寸准确、便于安装，电梯、制冷等设备要正常运作，水电管道要畅通，卫生洁具要舒适而便于清洁等，才能保证工程项目总体功能的实现。

2. 安全性

安全性，是指工程项目建成以后保证结构安全，保证人身和环境免受危害的可能性。工程项目结构的安全度、抗震、耐久性及防火能力，人们防空工程的抗辐射、抗核污染、抗爆炸波等能力是否能达到特定的要求，都是安全性的重要标志。工程项目交付使用后必须保证人身财产、工程整体都能免遭工程结构破坏及外来危险的伤害。

工程项目的组成部件也要保证使用者的安全。无论是阳台的栏杆、楼梯的扶手、窗框及窗玻璃、灯具安装、电气产品的漏电保护、电梯及各类设备的运行等，都要确保在正常使用情况下不发生对人身的伤害事故。

3. 耐久性

耐久性即寿命，是指工程项目确保安全并能够正常使用的年限，也是工程项目竣工以后合理使用的寿命周期。由于工程项目的结构类型不一、质量要求不一、施工方法不一、使用性能不一的个性特点，目前国家对建设工程合理使用寿命周期还缺乏统一的规定，仅在少数行业标准中提出了明确的要求。例如，民用建筑主体结构耐久年限分为四级；公路工程设计年限一般按等级控制在 10 ~ 20 年；城市道路工程视不同道路构成和所用的材料不同，其设计的使用年限也有所不同。对工程项目的组成部件，也视生产厂家设计的产品性质及工程项目的合理使用寿命而规定不同的耐久年限。以现代观念来讲，合理的使用寿命正随人们生活节奏的变革而加快节奏，如住宅工程的内外装饰、卫生洁具乃至门窗玻璃，以及城市道路的面层都在加快更新周期，以适应使用者追求新潮的需要。

（四）工程质量控制的几个方面

一是工程的各个生产要素的质量控制，工程建设是通过人工、材料、设备、方法即施工工艺来完成分项工程，进而完成分部工程、单位工程、单项工程，以至整个工程。

二是质量控制必须着眼于各个要素、各个分项工程的施工，并直接渗入材料的采购、供应、储存和使用过程中。

三是对生产者、各层次管理人员的控制，主要包括：①认真选择任务承担者，重视被委托者的能力；②加强对人员的培训；③通过合同、责任制、经济奖励等手段激发人们对质量控制的积极性。

（五）质量和费用的关系

质量与费用存在着复杂的关系。在项目策划时人们必须对项目的可用度和费用做权衡和决策。但常常并非都是有意识地争取最佳可用度的。

对于工程项目，现在业主一般都要求减少运营费用，增加运营的可靠性、安全性。例如，对于一些特殊项目：①高费用的设备，如高技术的、尖端的设备；②保养维修比较困难的，甚至不可能的设备，如航天空间站、大型水电工程；③不允许出现质量问题的工程，如航天飞机、火箭、核工业工程，必须一次运行成功，人们在决策时通常要求高的可用度，尽管费用是很高的。在这个费用中不仅包括高质量的材料、工艺、设备的费用，而且包括较高的质量管理的费用，即人员费用、检测费用以及局部工程检查验收损失费用。

对一个工程评标，不能一味追求低的报价或将任务委托给报价过低的承包商。工程实践已经证明，报价过低，很难取得高质量的工程。

（六）工程建设项目质量的影响因素

影响工程建设项目质量的因素主要有五大方面：人、材料、方法、机械和环境。

1. 人

人是指直接参与工程建设的决策者、组织者和操作者，其素质的高低，理论、技术水平的高低，以及是否有责任感，是否积极主动，都会影响工程项目的质量水平。项目管理者进行质量管理时，应从素质、理论及技术水平、生理状况、心理行为、错误行为和违纪违章等方面对人的因素加以考虑并控制。

2. 材料

材料包括原材料、成品、半成品、构配件等，是工程项目施工的物质条件，材料质量是工程质量的基础。项目管理者对材料质量的控制应着重于以下要点：掌握信息，择优选择供应商；合理组织材料供应，确保工程正常进行；正确使用定额，减少材料的损失和浪费；加强质量检查验收；使用质量有认证的材料，以确保材料质量。

3. 方法

方法包含了工程项目实施过程中所采用的设计方案、技术方案工艺流程、组织措施、检测手段、施工组织设计等的控制，直接影响工程项目三大目标（进度、质量、费用）的实现。项目管理者应结合工程实际，从技术、组织、管理、工艺、操作、经济等方面进行全面分析和考虑，力求方法技术可行、经济合理、工艺先进，以提高工程质量、加快工程进度、降低成本。

4. 机械

机械是工程实施机械化的重要物质基础，对工程质量和进度都有影响。在项目施工阶段，项目管理者应综合考虑施工现场、建筑结构形式、机械设备性能、施工工艺和方法、施工组织与管理等各因素，制订机械化施工方案，使之合理装备、配套使用、有机联系，充分发挥建筑机械的效能，获得较好的综合经济效益。

5. 环境

环境包括工程技术环境、工程管理环境、劳动环境等诸多因素，而且复杂多变。项目管理者在选择设计、施工方案时，应根据工程项目特点和具体条件，对影响质量的环境因素加以考虑。

二、工程建设项目质量管理原则、过程模式及注意事项

（一）质量管理原则

工程项目组织为实现质量目标，应遵循以下八项质量管理原则。

1. 以顾客为中心

组织依存于其顾客，因此，组织应理解顾客当前的和未来的需求，满足顾客要求并争取超出顾客期望。项目组织是通过完成项目的建设来满足业主需求的，因此项目组织应保证工程项目能满足业主的要求。

2. 发辉领导作用

领导者将本组织的宗旨、方向和内部环境统一起来，并创造使员工能够充分参与实现组织目标的环境。项目组织能否通过质量管理体系的建立和实施来贯彻质量方针以实现质量目标，关键在于领导。成功的项目质量管理需要领导者高度的质量意识和持续改进的精神。

3. 全员参与

各级人员是组织之本，只有他们充分参与，才能使他们的才干为组织带来最大的收益。项目组织最重要的资源之一就是全体员工。成功的项目离不开项目组织全体员工对本职工作的敬业和对其他项目工作、质量活动的积极参与。

4. 具备系统的管理方法

针对设定的目标，识别、理解并管理一个由相互关联的过程所组成的体系，有助于提高组织的有效性和效率。项目组织应建立并实施工程项目质量管理体系，即制定质量方针和质量目标，然后通过建立、实施和控制由过程网络构成的质量管理体系来实现这些方针和目标。

5. 基于事实的决策方法

对数据和信息的逻辑分析或直觉判断是有效决策的基础。即项目组织应收集各种以事实为根据的信息和数据，采用科学的分析方法，得出工程项目质量活动发展的趋势，及时地发现问题、解决问题并预防问题的发生。同时项目管理者的决策必须依据可靠的信息和数据，并对其进行科学系统的分析，从而保证项目质量管理体系的正常运行和项目各方的利益。

6. 采用过程管理方法

将相关的资源和活动作为过程进行管理，可以更高效地得到期望的结果。

7. 持续改进

持续改进是组织的一个永恒目标。

8. 具有互利的供方关系

通过互利的关系，可以增强组织及其供方创造价值的能力。

（二）质量管理过程模式

过程是一个范围广泛的概念，包括任何接受输入和将其输出的活动和操作，如产品或服务活动和操作。一个工程项目包括诸多的活动和操作，而且通常是从一个过程的输出直接到下一个过程的输入。因此项目组织必须明确和管理繁多的网络过程，尤其应该注意项目组织内各过程系统之间的相互影响。

一个完整的质量管理过程模式，表明了过程之间的相互关系：①工程项目管理者应从管理职责中明确要求；②在资源管理中确定并应用必要的资源；③在实现产品和/或服务中建立并实施过程；④对结果进行测量、分析和改进；⑤通过管理评审反馈到管理职责以更改权限并实施改善。质量管理过程模式，同样是一个实现产品和/或服务的例子。项目组织在明确输入要求的过程中不可忽视顾客以及其他相关团体的重要性，从而为所有所需的过程实施过程管理以实现所需的产品和/或服务，并验证过程输出。通过测量顾客以及其他相关团体的满意度，来评估和确认工程项目是否满足顾客的需求。

（三）质量管理注意事项

工程建设项目质量管理的前提是解决生产什么、如何生产两大问题，任何一个问题未达到规定的质量要求，都会给工程项目带来严重的后果。

工程建设项目质量管理的目标应是力求获得符合业主预定目标的、符合合同要求的工程，而不是单纯地追求质量最好的工程。合格的工程项目应具有良好的项目整体效益，应具有符合要求的使用功能，应具有合理的工期、费用。因此工程建设项目质量管理应在符合项目功能、工期和费用要求的前提下，尽可能地提高质量。

工程建设项目质量管理应该遵循项目所预定的质量标准和等级，必须注意质量不等同于等级。例如，某住宅建筑可能是普通住宅（等级不高），但坚固、安全、实用（质量高），也有可能是豪华别墅（等级高），但存在偷工减料、设计不合理等现象（质量低）。

工程建设项目质量管理过程中应减少重复工作。项目管理者应遵循管理的例外原则，因为重复工作将导致管理人员和费用的浪费、时间的延长和信息的泛滥。

工程建设项目质量管理的深度针对不同的工程项目是不一样的。质量要求较高的项目，应更严格地进行质量管理，必要时设置专门的质量保证措施和组织；新开发性的项目，无现成的质量标准和管理方法，就必须寻求新的质量管理方法。

工程建设项目质量管理应该在合同范围内进行，通过合同达到有效的质量控制。首先合同应给合同各方一个清晰的质量目标，其中的指标应是定量化的、可执行的、可检查的、可监控的；其次合同应明确规定承包商的质量责任，规定质量检查的方法、手段及处理方式；最后合同还应明确采购、设计等的认可和批准制度。

工程建设项目质量管理还应注重项目质量保证体系的建立和实施、项目三大目标（质量、进度和费用）的协调和平衡等工作，而非单纯地解决质量问题的技术性工作。

第二节　各阶段的质量管理与控制

一、工程建设各阶段对质量形成的影响

工程建设的不同阶段，对工程建设项目质量的形成起着不同的作用和影响。

（一）项目可行性研究对质量形成的影响

项目可行性研究是在项目建议书和项目策划的基础上，运用经济学原理对投资项目的有关技术、经济、社会、环境及所有方面进行调查研究，对各种可能的拟建方案和建成投产后的经济效益、社会效益和环境效益等进行技术经济分析预测和论证，确定项目建设的可行性，并在可行性的情况下，通过多方案比较，从中选择出最佳建设方案，作为项目决策和设计的依据。在此过程中，需要确定工程项目的质量要求，并与投资目标相协调。因此，项目的可行性研究直接影响项目的决策质量和设计质量。

（二）项目决策阶段对质量形成的影响

项目决策阶段是通过项目可行性研究和项目评估，对项目的建设方案做出决策，使项目的建设充分反映业主的意愿，并与地区环境相适应，做到投资、质量、进度三者协调统一。所以项目决策阶段对工程项目质量的影响主要是确定工程项目应达到的质量目标和水平。

（三）工程勘察、设计对质量形成的影响

工程的地质勘察是为建设场地的选择、工程的设计与施工提供地质资料依据。而工程设计是根据建设项目总体需求和地质勘察报告，对工程的外形和内在的实体进行筹划、研究、构思、设计和描绘，形成设计总说明书和图纸等相关文件，使得质量目标和水平具体化，为施工提供直接依据。工程设

计质量是决定工程质量的关键环节。工程采用什么样的平面布置和空间形式、用什么样的结构类型、使用什么样的材料和构配件及设备等，都直接关系到工程主体结构的安全可靠，关系到建设投资的综合功能是否充分体现规划意图。在一定程度上，设计的完美性也反映了一个国家的科技水平和文化水平。设计的严密性、合理性，也决定了工程建设的成功，是建设工程的安全、经济、适应、与环境协调等性能得以实现的关键。

（四）工程施工对质量形成的影响

工程施工是指按照设计图纸和相关文件的要求，在建设场地上将设计意图付诸实现的测量、作业、检验，形成工程实体建成最终产品的活动。任何优秀的勘察设计成果，只有通过施工才能变为现实。因此工程施工活动决定了设计意图能否体现，它直接关系到工程的安全可靠使用功能的保证，以及外表观感能否体现建筑设计的艺术水平。在一定程度上，工程施工是形成实体质量的决定性环节。

（五）工程竣工对质量形成的影响

工程的竣工验收就是对项目施工阶段的质量通过检查评定、试车运转，考核项目质量是否达到设计要求，是否符合决策阶段确定的质量目标和水平，并通过验收确保工程项目的质量。所以工程竣工验收对质量的影响是保证最终产品的质量。

二、工程施工阶段的质量控制

工程施工是使业主及工程设计意图最终实现并形成工程实体的阶段，也是最终形成工程实体质量和工程项目使用价值的重要阶段。因此，工程施工阶段的质量控制不但是施工监理重要的核心内容，也是工程建设项目质量控制的重点。监理工程师对工程施工的质量控制，就是按照监理合同赋予的权利，针对影响工程质量的各种因素，对工程建设项目的施工过程进行有效的监督和管理。

（一）施工准备阶段的质量控制

施工准备阶段的质量控制属事前控制。如果事前的质量控制工作做得充分，不仅是工程项目施工的良好开端，而且会为整个工程项目质量的形成创造极为有利的条件。监理工作的准备有以下几个方面。

1.组建项目监理机构，进驻现场工程

监理单位在工程建设监理合同签订后，应及时将项目监理机构的组织形式、人员构成及对总监理工程师的任命书面通知建设单位。

2. 完善组织体系，明确岗位职责

项目监理机构进驻现场后，应完善组织体系，明确岗位责任。监理机构（监理部）的组织体系一般有两种设置形式：一是按专业分工，可分为土建、水暖、电、试验、测量等；二是按项目分工，建筑工程按单位工程划分，道路工程按路段划分。在一些情况下，专业和项目也可混合配置，但无论怎样设置，工程监理工作面应全部覆盖，不能有遗漏，确保每个施工面上都应有基层的监理员，做到岗位明确、责任到人。

3. 编制监理规划

监理规划应在签订委托监理合同后开始编制，由总监理工程师主持，专业监理工程师参加。编制完成后须经监理单位技术负责人审核批准，并应在召开第一次工地会议前报送建设单位。监理规划的编制应针对项目实际情况，明确项目监理机构的工作目标，确定具体的监理工作制度、程序、方法和措施，并具有可操作性。监理部进驻现场后，总监理工程师应组织专业监理工程师编制专业监理实施细则，编制完成后须经总监理工程师审定后执行，并报送建设单位。监理实施细则应写明控制目标、关键工序、重点部位、关键控制点以及控制措施等内容。

4. 拟定监理工作流程

要使监理工作规范化，就应在开工之前编制监理工作流程。工程项目的实际情况不同，施工监理流程也有所不同。同一类型工程，由于项目的大小、项目所处的地点、周围的环境等各种因素的不同，其监理工作流程也有所不同。

（二）工程质量形成过程与质量控制系统过程

1. 工程质量形成过程

由于施工阶段是使工程设计意图最终实现，并形成工程实体的阶段，也是最终形成工程实体质量的系统过程，所以施工阶段的质量控制是一个由对投入的资源和条件的质量控制，进而对生产过程及各环节质量进行控制，直到对所完成的工程产出品的质量检验与控制为止的全过程的系统控制过程。这个系统过程可以按施工阶段工程实体质量形成的时间阶段划分，也可以根据施工层次来划分。

（1）按工程实体质量形成过程的时间阶段划分

首先是施工准备，指在各工程对象正式施工活动开始前的各项准备工作，这是确保施工质量的先决条件。包括相应施工技术标准的准备，规章制度的建立，施工方案的编制，各类人员、机械设备的配备，原材料、构配件的准备，图纸会审，技术交底等。

其次是施工过程，指在施工过程中各生产要素的实际投入和作业技术活动的实施。包括作业技术交底、各道工序的形成及作业者对质量的自控和来自有关管理者的监控行为。

最后是竣工验收，它是指对于通过施工过程所完成的具有独立的功能和使用价值的最终产品（单位工程或整个工程项目）及有关方面的质量认可。

（2）按工程项目施工层次划分

任何一个大中型工程建设项目都可划分为若干层次。建筑工程项目按照国家标准可以划分为单位工程、分部工程、分项工程、检验批等层次，而对于水利水电、港口交通等工程项目则可划分为单项工程、单位工程、分部工程、分项工程等几个层次，各层次之间具有一定的施工先后顺序的逻辑关系。显然，施工工序质量控制是最基本的质量控制，它决定了有关检验批的质量，而检验批的质量又决定了分项工程的质量等。

2. 质量控制系统过程

工程实体质量形成过程结合施工层次，形成质量控制系统过程。

（三）施工质量控制的依据与基本环节

1. 施工质量控制的依据

施工阶段监理工程师进行质量控制的依据，一般有三个大类。

（1）共同性依据

共同性依据指适用于施工质量管理的、通用的、具有普遍指导意义和必须遵守的基本法律法规。其主要包括国家和政府有关部门颁布的，与工程质量管理有关的法律法规性文件，如《建筑法》《招标投标法》和《建设工程质量管理条例》等。

（2）专业技术性依据

专业技术性依据指针对不同的行业、不同质量控制对象的专业技术规范文件，包括规范、规程、标准规定等，如工程建设项目质量检验评定标准，有关建筑材料、半成品和构配件质量方面的专门技术法规性文件，有关材料验收、包装和标志等方面的技术标准和规定，施工工艺质量等方面的技术法规性文件，有关新工艺、新技术、新材料、新设备的质量规定和鉴定意见等。

（3）项目专用性依据

项目专用性依据指本项目的工程建设合同、勘察设计交底及图纸会审记录、设计修改和技术变更通知，以及相关会议记录和工程联系单等。

2.施工质量控制的基本环节

在施工阶段监理中，监理工程师的质量控制应贯彻全面、全员、全过程质量管理的思想，运用动态控制原理，进行质量的事前控制、事中控制和事后控制。

（1）开工条件审查（事前控制）

单位工程（或重要的分部、分项工程）开工前，承包商必须做好施工准备工作，然后填报工程开工报审表，并附上该项工程的开工报告、施工组织设计（施工方案），特别要注明进度计划、人员及机械设备配置、材料准备情况等，报送监理工程师审查。若审查合格，则由总监理工程师批复，准予施工。否则，承包单位应进一步做好施工准备，具备施工条件时，再次填报开工申请。

（2）施工过程中督促检查（事中控制）

在施工过程中监理工程师应督促承包单位加强内部质量管理，同时监理人员进行现场巡视、平行检验、试验室试验等工作，涉及结构安全的试块、试件以及有关材料，应按规定进行见证取样检测；对涉及结构安全和使用功能的重要分部工程，应进行抽样检测。承担见证取样及有关结构安全检测的单位应具有相应资质。每道工序完成后，承包单位应进行自检，填写相应质量验收记录表，自检合格后，填报报审、报验表，交监理工程师检验。

（3）质量验收（事后控制）

当一个检验批、分项、分部工程完成后，承包单位首先对检验批、分项、分部工程进行自检，填写相应质量验收记录表，确认工程质量符合要求，其次向监理工程师提交报审、报验表和分部工程报验表，附上自检的相关资料。监理工程师收到报验申请后应在合同规定的时间内到现场检验，并组织施工单位项目专业质量负责人等进行验收，现场检查及对相关资料审核，验收合格后由监理工程师予以确认，并签署质量验收证明。反之，指令承包单位进行整改或返工处理。一定要坚持上道工序被确认质量合格后，方能准许下道工序施工的原则，按上述程序完成逐道工序。

第三节　工程质量缺陷与质量事故的处理

一、工程质量缺陷及其处理

工程质量缺陷是指建筑工程施工质量中不符合规定要求的检验项或检验点，按其程度可分为严重缺陷和一般缺陷。严重缺陷是指对结构构件的受力性能或安装使用性能有决定性影响的缺陷；一般缺陷是指对结构构件的受力性能或安装使用性能无决定性影响的缺陷。其处理的基本方法有六类。

（一）返修处理

当工程的某些部分的质量虽未达到规范、标准或设计规定的要求，存在一定的缺陷，但经过采取整修等措施后可以达到要求的质量标准，又不影响使用功能或外观的要求时，可采取返修处理的方法。例如，某些混凝土结构表面出现蜂窝、麻面，或者混凝土结构局部出现损伤，如结构受撞击、局部未振实、冻害、火灾、酸类腐蚀等，当这些缺陷或损伤仅仅在结构的表面或局部，不影响其使用功能和外观，可进行返修处理。

（二）加固处理

其主要是针对危及结构承载力的质量缺陷的处理。通过加固处理，建筑结构恢复或提高承载力，重新满足结构安全性与可靠性的要求，使结构能继续使用或改做其他用途。对混凝土结构常用的加固方法主要有：增大截面加固法、外包角钢加固法、粘钢加固法、增设支点加固法、增设剪力墙加固法、预应力加固法等。

（三）返工处理

当工程质量缺陷经过返修、加固处理后仍不能满足规定的质量标准要求，或不具备补救可能性，则必须采取重新制作、重新施工的返工处理措施。例如，某防洪堤坝填筑压实后，其压实土的干密度未达到规定值，经核算将影响土体的稳定且不满足抗渗能力的要求，需挖除不合格土重新填筑，重新施工；某公路桥梁工程预应力按规定张拉系数为1.3，而实际仅为0.8，属严重的质量缺陷，也无法修补，只能重新制作。又如，某高层住宅施工中，有几层的混凝土结构误用了安定性不合格的水泥，无法采取其他补救办法，不得不爆破拆除重新施工。

（四）限制使用

当工程质量缺陷按修补方法处理后无法保证达到规定的使用要求和安全

要求，而又无法返工处理的情况下，不得已时可做出诸如卸荷或减荷，以及限制使用的决定。

（五）不做处理

某些工程质量缺陷虽然达不到规定的要求或标准，但其情况不严重，对结构安全或使用功能影响很小，经过分析、论证、法定检测单位鉴定和设计单位等认可后可不做专门处理。

（六）报废处理

出现质量事故的工程，通过分析或实践，采取上述处理方法后仍不能满足质量要求或标准，则必须予以报废处理。

二、工程质量事故及其处理

工程质量事故是指由于建设、勘察、设计、施工、监理等单位违反工程质量有关法律法规和工程建设标准，使工程产生结构安全、重要使用功能等方面的质量缺陷，造成人身伤亡或者重大经济损失的事故。

（一）工程质量事故的分类

根据《关于做好房屋建筑和市政基础设施工程质量事故报告和调查处理工作的通知》（建质〔2010〕111 号）要求，按工程质量事故造成的人员伤亡或直接经济损失将工程质量事故等级划分为四个等级：一般事故、较大事故、重大事故、特别重大事故，具体如下（"以上"包括本数，"以下"不包括本数）。

①一般事故，是指造成 3 人以下死亡，或者 10 人以下重伤，或者 100 万元以上 1000 万元以下直接经济损失的事故。

②较大事故，是指造成 3 人以上 10 人以下死亡，或者 10 人以上 50 人以下重伤，或者 1000 万元以上 5000 万元以下直接经济损失的事故。

③重大事故，是指造成 10 人以上 30 人以下死亡，或者 50 人以上 100 人以下重伤，或者 5000 万元以上 1 亿元以下直接经济损失的事故。

④特别重大事故，是指造成 30 人以上死亡，或者 100 人以上重伤，或者 1 亿元以上直接经济损失的事故。

（三）工程质量事故的报告

工程质量事故发生后，事故现场有关人员应当立即向工程建设单位负责人报告；工程建设单位负责人接到报告后，应于 1 小时内向事故发生地县级以上人民政府住房和城乡建设主管部门及有关部门报告。当情况紧急时，事故现场有关人员可直接向事故发生地县级以上人民政府住房和城乡建设主管部门报告。

住房和城乡建设主管部门接到事故报告后，应当依照下列规定上报事故情况，并同时通知公安、监察机关等有关部门。较大、重大及特别重大事故逐级上报至国务院住房和城乡建设主管部门，一般事故逐级上报至省级人民政府住房和城乡建设主管部门，必要时可以越级上报事故情况；住房和城乡建设主管部门上报事故情况，应当同时报告本级人民政府，国务院住房和城乡建设主管部门接到重大和特别重大事故的报告后，应当立即报告国务院；住房和城乡建设主管部门逐级上报事故情况时，每级上报时间不得超过 2 小时。事故报告应包括下列内容。

①事故发生的时间、地点、工程项目名称、工程各参建单位名称。

②事故发生的简要经过、伤亡人数（包括下落不明的人数）和初步估计的直接经济损失。

③事故的初步原因。

④事故发生后采取的措施及事故控制情况。

⑤事故报告单位、联系人及联系方式。

⑥其他应当报告的情况。

⑦事故报告后出现新情况，以及事故发生之日起 30 日内伤亡人数发生变化的，应当及时补报。

（三）工程质量事故的调查

住房和城乡建设主管部门应当按照有关人民政府的授权或委托，组织或参与事故调查组对事故进行的调查，并履行下列职责。

①核实事故基本情况，包括事故发生的经过、人员伤亡情况及直接经济损失。

②核查事故项目基本情况，包括项目履行法定建设程序情况、工程各参建单位履行职责的情况。

③依据国家有关法律法规和工程建设标准分析事故的直接原因和间接原因，必要时组织对事故项目进行检测鉴定和专家技术论证。

④认定事故的性质和事故责任。

⑤依照国家有关法律法规提出对事故责任单位和责任人员的处理建议。

⑥总结事故教训，提出防范和整改措施。

⑦提交事故调查报告。

事故调查报告应当包括下列几点内容。

①事故项目及各参建单位概况。

②事故发生经过和事故救援情况。

③事故造成的人员伤亡和直接经济损失。

④事故项目有关质量检测报告和技术分析报告。

⑤事故发生的原因和事故性质。

⑥事故责任的认定和事故责任者的处理建议。

⑦事故防范和整改措施。

事故调查报告应当附具有关证据材料。事故调查组成人员应当在事故调查报告上签名。

（四）工程质量事故处理

住房和城乡建设主管部门应当依据有关人民政府对事故调查报告的批复和有关法律法规的规定，对事故相关责任者实施行政处罚。处罚权限不属本级住房和城乡建设主管部门的，应当在收到事故调查报告批复后 15 个工作日内，将事故调查报告（附具有关证据材料）、结案批复、住房和城乡建设主管部门对有关责任者的处理建议等转送有权限的住房和城乡建设主管部门。

住房和城乡建设主管部门应当依据有关法律法规的规定，对事故负有责任的建设、勘察、设计、施工、监理等单位和施工图审查、质量检测等有关单位分别给予罚款、停业整顿、降低资质等级、吊销资质证书其中一项或多项处罚，对事故负有责任的注册执业人员给予罚款、停止执业、吊销执业资格证书、终身不予注册其中一项或多项处罚。

（五）其他要求

事故发生地住房和城乡建设主管部门接到事故报告后，其负责人应立即赶赴事故现场，组织事故救援。发生一般及以上事故，或者领导有批示要求的，设区的市级住房和城乡建设主管部门，应派员赶赴现场了解事故有关情况。发生较大及以上事故，或者领导有批示要求的，省级住房和城乡建设主管部门应派员赶赴现场了解事故有关情况。发生重大及以上事故，或者领导有批示要求的，国务院住房和城乡建设主管部门，应根据相关规定派员赶赴现场了解事故有关情况。没有造成人员伤亡，直接经济损失没有达到 100 万元，但是社会影响恶劣的工程质量问题，参照以上的有关规定执行。

第五章 工程建设项目的安全管理

根据《中华人民共和国安全生产法》（以下简称《安全生产法》）《建设工程安全生产管理条例》《关于落实建设工程安全生产监理责任的若干意见》等，需要将安全管理工作的主要内容和实施要求具体化，以落实工程监理单位安全责任，规范安全监理行为，提高安全监理工作实效，以切实加强建设工程安全生产总体管理。

第一节 工程建设项目的安全管理概述

一、基本概念

安全生产：指在生产过程中保障人身安全和设备安全。有两方面的含义：一是在生产过程中保护职工的安全和健康，防止工伤事故和职业病危害；二是在生产过程中防止其他各类事故的发生，确保生产设备的连续、稳定、安全运转，保护国家财产不受损失。

安全监理：监理单位按照有关法律、法规、规章和工程建设强制性标准及委托监理合同，在所监理的工程中落实安全生产监理责任所开展的活动。

安全监理人员：经安全监理业务知识教育培训合格，持证上岗，负责项目监理机构日常安全监理工作实施的专业工程师或监理员。

安全监理方案：项目监理机构编制的用于开展安全监理工作的指导性文件。

安全监理实施细则：结合施工现场的场所、设施、作业等安全活动，由项目监理机构编制的安全监理工作操作性文件。

危险性较大的工程：具有一定规模的基坑支护与降水工程、土方开挖工程、模板工程、起重吊装工程、脚手架工程、拆除爆破工程和国务院建设行政主管部门或其他有关部门规定的其他工程。

专项施工方案：针对危险性较大工程，由施工单位编制并按照规定程序审批，包括安全技术措施、监控措施和安全验算结果的施工文件。

专职安全生产管理人员：经有关主管部门安全生产考核合格，并取得安全生产考核合格证书的，施工单位在施工现场专职从事安全生产管理的人员。

安全防护、文明施工措施费用：按照国家和上海市现行的建筑施工安全、施工现场环境与卫生标准和有关规定，用于购置和更新施工防护用具等设施，改善安全生产条件和作业环境所需要的专项费用。

施工现场安全生产保证体系：该体系由建设工程承包单位制定，是实现安全生产目标所需的组织机构、职责、程序、措施、过程、资源和制度。

安全检查：指对施工现场安全生产活动和结果的符合性与有效性进行常规的检测和测量活动。

应急救援：指在安全生产措施控制失效的情况下，为避免或减少可能引发的伤害或其他影响而采取的补救措施和抢救行为。它是安全生产管理的内容，是项目经理部实行施工现场安全生产管理的具体要求，也是监理工程师审核施工组织设计与施工方案中安全生产的重要内容。

应急救援预案：指针对可能发生的、需要进行紧急救援的安全生产事故，事先制定好应对补救措施和抢救方案，以便及时救助受伤的和处于危险状态中的人员，减少或防止事态进一步扩大，并为善后工作创造好的条件。

高处作业：凡在坠落基准面 2 m 或 2 m 以上有可能坠落的高处进行作业，该项作业即称为高处作业。

临边作业：在施工现场任何处所，当高处作业中工作面的边沿并无围护设施或虽有围护设施，但其高度小于 80 cm 时，这种作业称为临边作业。

洞口作业：建筑物或构筑物在施工过程中，常会出现各种预留洞口、通道口、上料口、楼梯口、电梯井口，在其附近工作，称为洞口作业。

悬空作业：在周边临空状态下，无立足点或无牢靠立足点的条件下进行的高空作业，称为悬空作业。悬空作业通常在吊装、钢筋绑扎、混凝土浇筑、模板支拆以及门窗安装和油漆等作业中较为常见。一般情况下，对悬空作业采取的安全防护措施主要是搭设操作平台、佩戴安全带、张挂安全网等措施。

交叉作业：凡在不同层次中，处于空间贯通状态下同时进行的高空作业称为交叉作业。施工现场进行交叉作业是不可避免的，交叉作业会给不同的作业人员带来不同的安全隐患。因此，进行交叉作业时必须遵守安全规定。

二、安全管理的中心问题

项目的安全管理就是在项目实施过程中组织安全生产的全部管理活动。通过对项目实施安全状态的控制使不安全的行为和状态减少或消除，以使项目工期、质量和费用等目标的实现得到充分的保证。

安全管理的中心问题是保护项目实施过程中人的安全与健康，保证项目顺利进行。安全管理过程中，应正确处理五种关系，坚持六项基本原则。

（一）正确处理五种关系

1. 安全与危险并存

安全与危险在同一事物的运动中既是相互独立的又是相互依存的。因为有危险才需要进行安全管理，以防止危险的发生。安全与危险并非是等量并存，而是随着事物的运动变化而不断变化。

2. 安全与项目实施过程的统一

在项目实施过程中，如果人、物、环境等都处于危险状态，则项目无法顺利进行。所以安全是项目实施的客观要求，项目有了安全保障才能持续稳定地进行。

3. 安全与质量的包含

从广义上看，质量包含安全工作质量，安全概念也包含着质量，交互作用、互为因果。安全第一、质量第一，这两种说法并不矛盾。安全第一是从保护生产要素的角度出发，而质量第一则是从关心产品成果的角度出发。安全为质量服务，质量需要安全保证。

4. 安全与速度互保

速度应以安全作为保障，安全就是速度。在项目实施过程中应追求安全加速度，尽量避免安全减速度。当速度与安全发生矛盾时，应暂时减缓速度，保证安全。

5. 安全与效益兼顾

安全技术措施的实施，会改善作业条件带来的经济效益。所以安全与效益是完全一致的，安全促进了效益的增长。当然在安全管理中的投入应适当，既要保证安全，又要经济合理。

（二）坚持六项基本原则

1. 管项目的同时要管安全

安全管理是项目管理的重要组成部分，安全与项目实施两者存在着密切的联系，存在着进行共同管理的基础。管项目同时管安全是各级有关人员的安全管理责任。

2. 坚持安全管理的目的性

安全管理的目的是对项目中人、物、环境因素状态的管理，有效地控制人的不安全行为和物的不安全状态，消除和避免事故，达到保护劳动者的安全和健康的目的。安全管理必须明确其目的，无明确目的的安全管理是一种盲目行为。

3. 贯彻预防为主的方针

安全管理的方针是安全第一、预防为主。安全管理不仅是处理事故，更重要的是在项目活动中针对项目的特点对生产要素采取管理措施，有效地控制不安全因素的发展和扩大，将可能发生的事故消灭在萌芽状态。

4. 坚持四全动态管理

安全管理与项目的所有人员有关，涉及项目活动的方方面面，涉及项目的全部过程及一切生产要素。因此，应坚持全员、全过程、全方位、全天候的"四全"动态管理。

5. 安全管理重在控制

安全管理的目的是预防、消灭事故，防止或消除事故危害，保护人员的安全与健康。安全管理有多项内容，都与生产因素状态的控制与安全管理目的直接相关。所以对项目中人的不安全行为和物的不安全状态的控制是安全管理的重点。

6. 不断完善提高

安全管理是一种动态管理。管理活动应适应不断变化的条件，消除新的危险因素，不断地摸索新的规律，总结管理控制的办法与经验，指导新的变化后的管理，从而使安全管理不断地上升到新的高度。

三、工程建设安全生产管理概述

（一）安全生产的特点

工程建设事故频发是由其自身的特点所决定的，只有了解其特点，才可有效防治。安全生产的特点如下。

①工程建设的产品具有产品固定、体积大、生产周期长的特点。房屋建筑、市政工程、公路工程、铁路工程、水利工程等，只要工程项目选址确定后，就在选定地点进行施工作业，而且要集中大量的机械、设备、材料、人员，连续几个月或者几年才能完成建设任务，发生安全事故的可能性会增加。

②工程建设活动大部分是在露天空旷的场地上完成的，严寒酷暑都要作

业，劳动强度大，工人的体力消耗大，尤其是高空作业，如果工人的安全意识不强，在体力消耗的情况下，经常会造成安全事故。

③施工队伍流动性大。建设工地上施工队伍大多由外来务工人员组成，因此造成管理难度的增大。很多建筑工人来自农村，文化水平不高，自我保护能力和安全意识较弱，如果施工承包单位不重视岗前培训，往往会形成安全事故频发状态。

④建筑产品的多样性决定了施工过程变化大，一个单位工程有许多道工序，每道工序的施工方法不同，人员不同，相关的机械设备不同，作业场地不同，工作时间不同，各工序交叉作业很多都加大了管理难度，如果管理稍有疏忽，就会造成安全事故。

综上所述，安全事故很容易发生，因此"安全第一、预防为主、综合治理"的指导思想就显得非常重要。做到"安全第一、预防为主、综合治理"就可以减少安全事故的发生，提高生产效率，顺利达到工程建设的目标。

（二）安全生产管理的意义

1. 健全协调机制

当前安全生产的管理体系主要由两方面构成：一是施工企业内部建立的安全生产保证体系，设立安全生产管理机构，配备专职的安全生产管理人员；二是各级政府建设行政主管部门或受其委托的建设工程安全监督机构对施工现场的监督检查。而施工企业内部的安全生产管理体系，由于受到自身利害关系和共同利益的影响，有可能降低安全标准，放松管理要求；政府部门或安全监督机构受到编制和经费的制约，难以对所有的施工现场进行全过程的安全监督，使安全管理体系存在漏洞。而管理人员常驻施工现场，对施工现场发生的事件、情况可以随时掌握，发现存在的安全事故隐患可以及时要求施工单位进行整改，情况严重者可以要求施工单位暂时停工整顿，并及时向当地建设行政主管部门或安全监督机构报告。只有这样才能形成严密的安全生产监督网络。

2. 促进工程质量的提高

质量与安全有着密不可分的联系，有了好的安全生产制度和技术措施才能有效地保证工程施工质量。劳动者如果在生产中没有安全感就不可能安心工作，就不可能创造出很高的劳动生产率和优良的工程质量。工程质量没有保障就会对安全带来威胁。对施工进行全过程安全管理正是保障工程质量最有效的手段之一。

3. 有利于整体管理水平的提高

从以人为本的理念出发，一个建设工程只有安全无事故才可以称为真正意义上的优良工程。因为一旦发生安全事故，各项管理工作就会前功尽弃，对劳动者及其家庭带来不幸，也会造成严重的经济损失，使社会不能安定。所以，安全生产是工程项目整体管理水平的体现，安全管理有利于提高建筑工程项目的整体管理水平。

（三）安全生产管理的主要法律依据

①《建筑法》（2011 年 4 月修订）。

②《安全生产法》（2014 年 8 月修订）。

③《中华人民共和国特种设备安全法》（2013 年 6 月颁布）。

④《中华人民共和国职业病防治法》（2018 年 12 月修订）。

⑤《建设工程安全生产管理条例》。

⑥《工程建设标准强制性条文 房屋建筑部分》（2013 年版）。

⑦《生产安全事故报告和调查处理条例》（2007 年 4 月颁布）。

⑧《建筑施工安全检查标准》（JGJ 59—2011）。

⑨《施工企业安全生产评价标准》（JGJ/T 77—2010）。

⑩《施工现场临时用电安全技术规范（附条文说明）》（JGJ 46—2005）。

⑪《建筑施工高处作业安全技术规范》（JGJ 80—2016）。

⑫《建筑机械使用安全技术规程》（JGJ 33—2012）。

⑬《建筑施工门式钢管脚手架安全技术规范》（JGJ 128—2010）。

⑭《建筑施工扣件式钢管脚手架安全技术规范》（JGJ 130—2011）。

⑮《龙门架及井架物料提升机安全技术规范》（JGJ 88—2010）。

⑯《中华人民共和国刑法》第一百三十七条。

⑰《建筑工程预防高处坠落事故若干规定》和《建筑工程预防坍塌事故若干规定》（建质〔2003〕82 号）。

⑱《国务院关于进一步加强企业安全生产工作的通知》（国发〔2010〕23 号）。

⑲《房屋市政工程生产安全重大隐患排查治理挂牌督办暂行办法》（建质〔2011〕158 号）。

⑳《危险性较大的分部分项工程安全管理办法》（建质〔2009〕87 号）。

㉑《危险性较大的分部分项工程安全管理规定》（2018 年 2 月颁布）。

㉒《建设工程消防监督管理规定》（2012 年 7 月修订）。

（四）安全计划的内容

针对项目的特点进行安全策划，规划安全作业目标，确定安全技术措施，最终所形成的文件称为安全计划。安全计划应在项目开始实施前制订，在项目实施过程中不断加以调整和完善。安全计划是进行安全控制和管理的指南，是考核安全控制和管理工作的依据。安全计划应针对项目特点、项目实施方案及程序，依据安全法规和标准等加以编制。其主要内容如下。

①项目概况，包括项目的基本情况，可能存在的主要的不安全因素等。

②安全控制和管理目标，应明确安全控制和管理的总目标和子目标，目标要具体化。

③安全控制和管理程序，主要应明确安全控制和管理的工作过程，以及安全事故的处理过程。

④安全组织机构包括安全组织机构形式和安全组织机构的组成。

⑤职责权限，根据组织机构状况明确不同组织层次、各相关人员的职责和权限，进行责任分配。

⑥规章制度，包括安全管理制度、操作规程、岗位职责等规章制度的建立应遵循的法律法规和标准等。

⑦资源配置，针对项目特点，提出安全管理和控制所必需的材料设施等资源要求和具体的配置方案。

⑧安全措施，针对不安全因素确定相应措施。

⑨检查评价，明确检查评价方法和评价标准。

⑩奖惩制度，明确奖惩标准和方法。

安全计划的结果是形成包括安全计划所有内容在内的文件。

（五）安全生产管理的原则

1. 注重安全

根据《安全生产法》的总方针，安全第一表明了生产范围内安全与生产的关系，肯定了安全生产在建设活动中的首要位置和重要性；预防为主体现了事先策划、事中控制及事后总结，通过信息收集、归类分析、制定预案等过程进行控制和防范，体现了政府对建设工程安全生产过程中"以人为本"以及"关爱生命、关注安全"的宗旨；综合治理是指适应我国安全生产形势的要求，自觉遵循安全生产规律，正视安全生产工作的长期性、艰巨性和复杂性，抓住安全生产工作中的主要矛盾和关键环节，综合运用经济、法律、行政等手段，人管、法治、技防多管齐下，并充分发挥社会、职工、舆论的监督作用，有效解决安全生产领域的问题。

2. 以人为本

坚持安全发展，关爱生命，维护作业人员合法权益的原则。安全生产管理应遵循维护作业人员的合法权益的原则，应改善施工作业人员的工作与生活条件。施工承包单位必须为作业人员提供安全防护设施，对其进行安全教育培训，为施工人员办理意外伤害保险，作业与生活环境应达到国家规定的安全生产、生活环境标准，真正体现出以人为本、关爱生命的原则。

3. 职权与责任一致

强化和落实生产经营单位的主体责任，建立生产经营单位负责、职工参与、政府监管、行业自律和社会监督的机制。建设主体各方应该承担相应的法律责任，对管理人员不依法履行监督管理职责的，应该给予行政处分，构成犯罪的，依法追究刑事责任。

（六）安全生产管理的任务

安全生产管理的任务主要是贯彻落实国家有关安全生产的方针、政策，督促施工承包单位按照建筑施工安全生产的法规和标准组织施工，落实各项安全生产的技术措施，消除施工中的冒险性、盲目性和随意性，减少不安全的隐患，杜绝各类伤亡事故的发生，实现安全生产。

（七）安全生产管理的基本规定

工程管理单位应按照国家现行有关规定开展安全管理工作，建设单位对安全管理购置有特殊要求的，应在委托管理合同中约定。施工单位应对施工现场的安全生产负责，及时主动向管理机构报送所编制的安全生产管理文件和资料，接受项目管理机构的检查和整改指令。安全管理不得代替施工单位的安全生产管理。建设单位应及时向项目管理机构提供所需要的与工程施工安全有关的文件和资料，及时解决项目管理机构需要建设单位协调和处理的事宜。有关部门在加强建设工程安全生产管理监督检查的同时，必须督促和指导工程管理单位落实安全生产管理责任，检查安全管理人员的义务执行和权利保障情况，起到督促施工单位加强安全生产管理的作用。工程管理单位和有关部门应对项目管理机构的安全管理工作进行检查考核。

第二节 工程建设项目中的安全隐患

一、项目职业健康安全隐患控制

（一）安全隐患的概念

职业健康安全隐患是指可能导致职业健康安全事故的缺陷和问题，包括安全设施过程和行为等诸方面的缺陷问题，因此，对检查和检验中发现的事故隐患，应采取必要的措施及时处理和化解，以确保不合格设施不使用、不合格过程不通过、不安全行为不放过，并通过事故隐患的适当处理，防止职业健康安全事故的发生。

（二）安全隐患的处理

①项目经理部应区别通病、顽症、首次出现和不可抗力等类型，修订和完善安全整改措施。

②项目经理部应对检查出的隐患立即发出安全隐患整改通知单。受检单位应对安全隐患的原因进行分析，指定纠正和预防措施。纠正和预防措施应经检查单位负责人批准后实施。

③安全检查人员对检查出的违章指挥和违章作业行为向负责人当场指出，限期纠正。

④安全检查人员应对纠正和预防措施的实施过程与实施效果进行跟踪检查，保存验证记录。

（三）危险源控制

重大危险源是指长期地或者临时地生产、搬运、使用或者储存危险物品，且危险物品的数量等于或者超过临界量的单元。危险物品是指易燃易爆物品、危险化学品、放射性物品等能够危及人身安全和财产安全的物品。危险源是导致事故的根源，为实现安全目标、持续改进安全业绩、实现事故预防，必须控制和减少施工现场的危险源。危险源控制包括：危险源的识别、安全风险评价、编制安全控制措施计划、实施安全控制措施计划和检查等。

1.危险源的识别

研究和思考在各种施工作业活动中，什么情况下、什么人会受到伤害或影响，这个过程就是危险源的识别。项目部应对施工作业活动进行分类，编制施工现场活动表，内容包括：施工作业的场所、设备、设施、人员、作业工序、管理活动等。按表分析哪些地方容易出现危险，再进行分类统计，从而识别出较为翔实的危险源。

2. 安全风险评价

在设想的方案和现有的控制措施下，对与各种可能存在的危险源有关的安全风险做出评价。评价时应主要考虑控制措施的有效性以及控制失败所造成的后果，判断是否有足够的把握将危险源控制在可控范围内，据此来判定危险源风险程度的大小，从而确定重大危险源。

3. 编制安全控制措施计划

通过对安全风险与重大环境因素的判断，项目部应针对重大危险源和重大环境因素，制订安全生产保证计划、控制措施计划、专项施工方案等，以防止重大危险源和重大环境因素失控造成事故，减少发生事故造成的灾害和次生灾害。

4. 实施安全控制措施计划

安全控制措施计划制订后，要及时进行评审，判断计划是否能够防止事故的发生。对已经评审的安全控制措施计划，要具体落实到施工生产过程中。

5. 检查

在项目施工安全管理实施过程中，要对安全控制措施计划不断检查与评审，发现问题或者遗漏及时修正和补充。当项目施工过程中内、外部条件发生变化时，要及时判断、提出新的安全控制措施及处理方案。

二、项目职业健康安全事故的分类及处理

（一）职业伤害事故的分类

职业伤害事故是指因生产过程及工作原因或与其相关的其他原因造成的伤亡事故。

1. 按照事故发生的原因分类

按照我国《企业职工伤亡事故分类》标准规定，职业伤害事故分为20类。

①物体打击，指落物、滚石、锤击、碎裂、崩块、砸伤等造成的人身伤害，不包括因爆炸而引起的物体打击。

②车辆伤害，指被车辆挤、压、撞和车辆倾覆等造成的人身伤害。

③机械伤害，指被机械设备或工具绞、碾、碰、割、戳等造成的人身伤害，不包括车辆、起重设备引起的伤害。

④起重伤害，指从事各种起重作业时发生的机械伤害事故，不包括上下

驾驶室时发生的坠落伤害以及起重设备引起的触电及检修时制动失灵造成的伤害。

⑤触电，指电流经过人体导致的生理伤害，包括雷击伤害。

⑥淹溺，指水或液体大量从口、鼻进入肺内，导致呼吸道阻塞，发生急性缺氧而窒息死亡。

⑦灼烫，指火焰引起的烧伤、高温物体引起的烫伤、强酸或强碱引起的灼伤、放射线引起的皮肤损伤。

⑧火灾，指在火灾时造成的人体烧伤、窒息、中毒等。

⑨高处坠落，由于危险势能差引起的伤害，包括从架子、屋架上坠落以及平地坠入坑内等。

⑩坍塌，指建筑物、堆置物倒塌以及土石塌方等引起的事故伤害。

⑪冒顶片帮，指矿井作业面、巷道侧壁由于支护不当、压力过大造成的顶板垮落（冒顶）以及坍塌（片帮）事故。

⑫透水，指从事矿山、地下开采或其他坑道作业时，有压地下水意外大量涌入而造成的伤亡事故。

⑬放炮，指由于放炮作业引起的伤亡事故。

⑭火药爆炸，指在火药的生产、运输、储藏过程中发生的爆炸事故。

⑮瓦斯爆炸，指可燃气体，瓦斯、煤粉与空气混合，接触火源时引起的化学性爆炸事故。

⑯锅炉爆炸，指锅炉由于内部压力超出炉壁的承受能力面引起的物理性爆炸事故。

⑰容器爆炸，指压力容器内部压力超出容壁所能承受的压力引起的物理爆炸，容器内部可燃气体泄漏与周围空气混合遇火源而发生的化学爆炸。

⑱其他爆炸，指化学爆炸，炉腔、钢水包爆炸等。

⑲中毒和窒息，指煤气、油气、沥青、化学、一氧化碳中毒等。

⑳其他伤害，包括扭伤、跌伤、冻伤、野兽咬伤等。

2. 按照事故后果严重程度分类

根据《企业职工伤亡事故报告和处理规定》，职业健康安全事故分为轻伤、重伤、死亡、重大伤亡、特大伤亡、急性中毒事故。

①轻伤事故。造成职工肢体或某些器官功能性或器质性轻度损伤，表现为劳动能力轻度或暂时丧失，一般每个受伤人员休息1个工作日以上，105个工作日以下。

②重伤事故。一般指受伤人员肢体残缺或视觉、听觉等器官受到严重损

伤，能引起人体长期存在功能障碍或劳动能力有重大损失的伤害，或者造成每个受伤人损失 105 工作日以上的失能伤害。

③死亡事故。一次事故中死亡职工 1 或 2 人的事故。

④重大伤亡事故。一次事故中死亡 3 人以上（含 3 人）的事故。

⑤特大伤亡事故。一次死亡 10 人以上（含 10 人）的事故。

⑥急性中毒事故。其指生产性毒物一次或短期内通过人的呼吸道、皮肤或消化道大量进入体内，使人体在短时间内发生病变，导致职工立即中断工作，并须进行急救或死亡的事故。急性中毒的特点是发病快，一般不超过一个工作日，有的毒物因毒性有一定的潜伏期，可在下班后数小时发病。

依据 2007 年 6 月 1 日起实施的《生产安全事故报告和调查处理条例》规定，按生产安全事故造成的人员伤亡或者直接经济损失分类，事故分为特别重大、重大、较大、一般事故。

（二）职业健康安全事故的处理

1. 应急救援预案

施工单位应当制定本单位生产安全事故应急救援预案，建立应急救援组织或者配备应急救援人员，配备必要的应急救援器材、设备，并定期组织演练。施工单位应当根据建设工程施工的特点、范围，对施工场易发生重大事故的部位、环节进行监控，制定施工现场生产安全事故应急救援预案。由总承包单位统一组织编制生产安全事故应急救援预案，总承包单位和分包单位按照应急救援预案，各自建立应急救援组织或者配备应急救援人员，配备救援器材、设备，并定期组织演练应急救援预案是为应对突发事故而预先设立的，内容包括：应急救援的组织、程序、措施、责任、协调和应急救援指挥流程图等。

①基本内容：应急救援的目的；应急救援适用的范围；应急救援引用的有关文件；应急救援准备。

②应急救援组织与联络：包括负责人姓名、职务、办公场所地址以及各种联系电话。

③应急救援指挥流程图：主要包括火灾事故、中毒事故、机械伤害、坍塌事故、物体打击、高空坠落事故等紧急处理流程。

④急救工具、用具及位置。

⑤应急救援报警机制：包括上报报警机制和内部报警机制、外部报警机制，形成下上通达、内外结合的应急救援报警网络。

2. 安全事故的处理原则

根据国家法律法规的要求，在进行生产安全事故报告与调查处理过程中，要坚持实事求是、尊重科学的原则，既要及时、准确查明事故原因，明确事故责任，使责任人受到相应的处罚；又要总结经验教训、落实整改和防范措施，防止类似事故再次发生。因此，对生产安全事故必须坚持"四不放过"的原则，即事故原因不清楚不放过、事故责任者和员工没有受到教育不放过、事故责任者没有处理不放过、没有指定防范措施不放过。

3. 安全事故的处理程序

①迅速抢救伤员并保护好事故现场。事故发生后现场人员不要惊慌失措，要听指挥，先抢救伤员和排除险情，制止事故蔓延扩大。同时，为了事故调查分析需要，应该保护好事故现场，采取一切可能的措施防止人为或自然因素的破坏。

②组织调查组。在接到事故报告后的单位领导，应立即赶赴现场组织抢救，并迅速组织调查组开展调查。事故根据严重程度组成相应的调查组来进行调查，如伤亡事故由企业主管部门会同企业所在地区的行政安全部门、公安部门、工会组成事故调查组进行调查，与发生事故有直接利害关系的人员不得参加调查组。

③现场勘查。事故发生后，调查组应速到现场进行勘查。现场勘查是技术性很强的工作，涉及广泛的科技知识和实践经验，对事故的现场勘察必须及时、全面、准确、客观。现场勘察的主要内容有现场笔录、现场拍照、现场绘图。

④分析事故原因。通过全面的调查来查明事故经过，弄清造成事故的原因包括人、物生产管理和技术管理等方面的问题，经过认真、客观、全面、细致、准确的分析，确定事故的性质，以及事故中的直接责任者和间接责任者，再根据其在事故发生过程中的作用确定主要责任者。

⑤制定预防措施。根据对事故原因的分析，制定防止类似事故再次发生的预防措施。同时，根据事故后果和事故责任者应负的责任提出处理意见。对于重大未遂事故不可掉以轻心，也应严肃认真按上述要求查找原因，分清责任严肃处理，写出调查报告。调查组应着重把事故发生的经过、原因、责任分析、处理意见以及事故的教训和改进工作的建议等写成报告，经调查组全体人员签字后报批，如调查组内部意见有分歧，应在弄清事实的基础上，依照法律法规进行研究、统一认识。对个别调查人员仍持不同意见的应保留，并在签字时写明自己的意见。

第三节　工程建设项目安全监理的策划与实施

一、工程建设安全监理的策划

工程建设安全监理的策划主要包括安全监理方案的策划和安全监理实施细则的策划。监理规划中的安全监理方案应根据现行法律、法规、规章、委托监理合同、设计文件、工程项目特点以及施工现场实际情况编制。安全监理方案应明确安全监理的范围、内容、工作程序和制度措施，以及人员配备计划和职责等，具有针对性和指导性。

（一）安全监理方案的策划

安全监理方案是监理规划的重要组成部分，应与监理规划同步编制完成，必要时可以单独编制安全监理方案。分阶段施工或施工方案发生较大变化时，安全监理方案应及时做出调整。安全监理方案应由总监主持编制，安全监理人员和专业工程师参与，并经工程监理单位技术负责人批准。安全监理方案应包括以下主要内容。

①安全监理的工作依据。

②安全监理的工作目标。

③安全监理的范围和内容。

④安全监理的工作程序。

⑤安全监理的岗位设置和职责分工。

⑥安全监理的工作制度和措施。

⑦初步认定的危险性较大工程一览表和安全监理实施细则编写计划。

⑧初步认定的需办理验收手续的大型起重机械和自升式架设设施一览表。

⑨其他与新工艺、新技术有关的安全监理措施。

（二）安全监理实施细则的策划

安全监理实施细则由专业工程师依据现行相关法律、法规、规章、工程建设强制性标准和设计文件，已批准的安全监理方案及施工组织设计中的安全技术措施、专项施工方案和专组评审意见编制而成，并经总监理工程师批准，其编制应做到详细、具体，具有可操作性。安全监理实施细则的编制人应对相关监理人员进行交底，并根据工程项目实际情况及时进行修订、补充和完善。安全监理实施细则应包括以下主要内容。

①相应工程概况。

②相关的强制性标准要求。

③安全监理控制要点、检查方法、频率和措施。

④监理人员工作安排及分工。

⑤检查记录表。

二、工程建设安全监理的实施

（一）前期的安全监理

1. 监理单位安全生产控制体系

该体系的监理流程主要是由建设工程项目监理部的总监理工程师负责审核：施工组织设计；检查现场安全设施及操作人员上岗证；对不符合强制性标准、存在安全隐患的问题提出整改要求；对重大安全隐患及时下达暂停工令，并上报建设单位和政府主管部门。

2. 施工承包单位安全生产控制体系

首先总承包单位要确定安全生产的专项资金到位；建立专款专用和建立健全安全生产制度。其次要进行三类人员考核培训，合格任职。最后要进行施工组织设计、施工方案和应急救援方案制订，由施工现场项目经理组成专职安全管理人员落实分包单位，安全设置、设备配备齐全，合格和特殊工种作业人员持证上岗。

3. 安全事故防范措施

在施工开始前，项目监理部应组织有关单位分析本工程的特点以及一般的安全事故类型和安全事故的影响，有针对性地采取措施，做好安全事故的事前预控。其主要分为以下两点。

①坚持"安全第一、预防为主、综合治理"的原则。建立健全生产安全责任制；完善安全控制机构、组织制度和报告制度；保证施工环境，树立文明施工意识；安全经费及时到位，专款专用；做好安全事故救助预案并进行演练。

②建立完善的安全检查验收制度。生产部门应该在安全制度的基础上，设专人定期或者不定期地对生产过程的安全状况进行检查，发现隐患及时纠正。存在隐患不能施工，改正合格后，向监理工程师报验，监理工程师应及时检查验收，对不符合安全要求的部位提出整改要求，经整改验收合格并签字后，方可继续施工。

（二）施工承包单位安全生产监理的审查

1. 安全生产管理体系的检查

①施工承包单位应具备国家规定的安全生产资质证书，并在其等级许可范围内承揽工程。

②施工承包单位应成立以企业法人代表为首的安全生产管理机构，依法对本单位的安全生产工作全面负责。

③施工承包单位的项目负责人应当由取得安全生产相应资质的人担任，在施工现场应建立以项目经理为首的安全生产管理体系，对项目的安全施工负责。

④施工承包单位应当在施工现场配备专职安全生产管理人员，负责对施工现场的安全施工进行监督检查。

⑤工程实行总承包的，应由总包单位对施工现场的安全生产负总责，总包单位和分包单位应对分包工程的施工安全承担连带责任，分包单位应当服从总包单位的安全生产管理。

2. 安全生产管理制度的检查

①安全生产责任制。这是企业安全生产管理制度中的核心，是上至总经理下至每个生产工人对安全生产所应负的职责。

②安全技术交底制度。施工前由项目的技术人员将有关安全施工的技术要求向施工作业班组、作业人员做出详细说明，并由双方签字落实。

③安全生产教育培训制度。施工承包单位应当对管理人员、作业人员，每年至少进行一次安全教育培训，并把教育培训情况记入个人工作档案。

④施工现场文明管理制度。

⑤施工现场安全防火、防爆制度。

⑥施工现场机械设备安全管理制度。

⑦施工现场安全用电管理制度。

⑧班组安全生产管理制度。

⑨特种作业人员安全管理制度。

⑩施工现场门卫管理制度。

3. 工程项目施工安全监督机制的检查

①施工承包单位应当制定切实可行的安全生产规章制度和安全生产操作规程。

②施工承包单位的项目负责人应当落实安全生产的责任制和有关安全生

产的规章制度与操作规程。

③施工承包单位的项目负责人应根据工程特点，组织制定安全施工措施，消除安全隐患，及时如实报告施工安全事故。

④施工承包单位应对工程项目进行定期与不定期的安全检查，并做好安全检查记录。

⑤在施工现场应采用专检和自检相结合的安全检查方法，班组间相互安全监督检查的方法。

⑥施工现场的专职安全生产管理人员在施工现场发现安全事故隐患时，应当及时向项目负责人和安全生产管理机构报告，对违章指挥、违章操作的应当立即制止。

4. 安全生产责任制的检查

安全生产责任制是做好安全管理工作的重要保证，在工程实施以前，是由项目经理部对各级负责人、各职能部门以及各类施工人员在管理和施工过程中，应当承担的责任做出的明确规定。也就是把安全生产责任分解到岗，落实到人，具体表现在以下几个方面。

①在工程项目施工过程中，必须有符合项目特点的安全生产制度，安全生产制度要符合国家和地方，以及本企业的有关安全生产政策、法规、条例、规范和标准。参加施工的所有管理人员和工人都必须认真执行并遵守制度的规定与要求。

②建立健全安全管理责任制，明确各级人员的安全责任，这是搞好安全管理的基础。从项目经理到一线工人，安全管理做到纵向到底，一环不漏；从专门管理机构到生产班组，安全生产做到横向到边，层层有责。

③施工项目应通过监察部门的安全生产资质审查，并得到认可。其目的是严格规范安全生产条件，进一步加强安全生产的监督管理，防止和减少安全事故的发生。

④一切从事生产管理与操作的人员，应当依照其从事的生产内容和工种，分别通过企业、施工项目的安全审查，取得安全操作许可证，持证上岗。特种工种的作业人员，除必须经企业的安全审查外，还需按规定参加安全操作考核，取得监察部门核发的安全操作合格证。

5. 安全教育培训制度的检查

①施工承包单位主要负责人、项目负责人、专职安全管理人员应当经建设行政主管部门进行安全教育培训，并经考核合格后方可上岗。

②作业人员进入新的岗位或新的施工现场前应当接受安全生产教育培

训，未经培训或培训考核不合格的不得上岗。

③施工承包单位在采用新技术、新工艺、新设备、新材料时应当对作业人员进行相应的安全生产教育培训。

④施工承包单位应当向作业人员以书面形式，告之危险岗位的操作规程和违章操作的危害，制定出保障施工作业人员安全和预防安全事故的措施。

⑤对垂直运输机械作业人员，安装拆卸、爆破作业人员，起重信号、登高架设作业人员等特种作业人员，必须按照国家有关规定，经过专门的安全作业培训，并取得特种作业操作资格证书，方可上岗作业。

6. 文明施工的检查

①施工承包单位应当在施工现场入口处，起重机械、临时用电设施、脚手架、出入通道口、电梯井口、楼梯口、孔洞口、基坑边沿、爆破物及有害气体和液体存放处等危险部位设置明显的安全警示标志。在市区内施工，应当对施工现场实行封闭围挡。

②施工承包单位应当在施工现场建立消防安全责任制度，确定消防安全责任人，制定用火、用电，使用易燃、易爆材料等各项消防安全管理制度和操作规程，设置消防通道、消防水源，配备消防设施和灭火器材，并在施工现场入口处设置明显的防火标志。

③施工承包单位应当根据不同施工阶段和周围环境及季节气候的变化，在施工现场采取相应的安全施工措施。

④施工承包单位对施工可能造成损害的毗邻建筑物、构筑物和地下管线，应当采取专项防护措施。

⑤施工承包单位应当遵守环保法律、法规，在施工现场采取措施，防止或减少粉尘、废水、废气、固体废物、噪声、振动和施工照明对人和环境的危害与污染。

⑥施工承包单位应当将施工现场的办公、生活区和作业区分开设置，并保持安全距离。办公、生活区的选址应当符合安全性要求。职工膳食、饮水应当符合卫生标准，不得在尚未完工的建筑物内设员工集体宿舍。临建必须在建筑物 20 m 以外，不得建在管道煤气和高压架空线路下方。

7. 其他方面安全隐患的检查

①施工现场的安全防护用具、机械设备、施工机具及配件必须有专人保管，定期进行检查、维护和保养，建立相应的资料档案，并按国家有关规定及时报废。

②施工承包单位应当向作业人员提供安全防护用具和安全防护服装。

③作业人员有权对施工现场的作业条件、作业程序和作业方式中存在的安全问题提出批评、检举和控告，有权拒绝违章指挥和强令冒险作业。

④施工中发生危及人身安全的紧急情况时，作业人员有权立即停止作业或者采取必要的紧急措施后撤离危险区域。

⑤作业人员应当遵守安全施工的强制性标准、规章制度和操作规程，正确使用安全防护用具、机械设备。

⑥施工现场临时搭建的建筑物应当符合安全使用要求，施工现场使用的装配式活动房应有产品合格证。

（三）安全生产技术措施的审查

此项主要检查施工组织设计中有无安全措施，对达到一定规模的危险性较大的分部分项工程编制专项施工方案，并附具安全验算结果，经施工承包单位技术负责人、总监理工程师签字后实施，由专项安全生产管理人员进行现场监督。

1. 主要检查措施内容

①基坑支护与降水工程专项措施。

②土方开挖工程专项措施。

③模板工程专项措施。

④起重吊装工程专项措施。

⑤脚手架工程专项措施。

⑥拆除、爆破工程专项措施。

⑦高处作业专项措施。

⑧施工现场临时用电安全专项措施。

⑨施工现场的防火、防爆安全专项措施。

⑩国务院建设行政主管部门或者其他有关部门规定的其他危险性较大的工程。

对上述所列工程中涉及深基坑、地下暗挖工程及高大模板工程的专项施工方案，施工承包单位还应当组织专家进行论证、审查。

2. 安全技术检查的注意事项

①安全检查要深入基层、紧紧依靠职工，坚持领导与群众相结合的原则，组织好检查工作。

②建立检查的组织领导机构，配备适当的检查力量，挑选具有较高技术业务水平的专业人员参加。

③做好检查的各项准备工作,包括思想、业务知识、法规政策和检查设备、奖金的准备。

④明确检查的目的和要求。既要严格要求,又要防止一刀切,要从实际出发,分清主次矛盾,力求实效。

⑤把自查与互查有机结合起来,基层以自检为主,企业内相应部门间互相检查,取长补短,相互学习和借鉴。

⑥坚持查改结合。检查不是目的,只是一种手段,整改才是最终目的。发现问题,要及时采取切实有效的防范措施。

⑦建立检查档案。结合安全检查表的实施,逐步建立健全检查档案,收集基本的数据,掌握基本的安全状况,为及时消除隐患提供数据,同时也为以后的职业健康安全检查奠定基础。

⑧在制定安全检查表时,应根据用途和目的具体确定安全检查表的种类。安全检查表的主要种类有:设计用安全检查表、厂级安全检查表、车间安全检查表、班组及岗位安全检查表、专业安全检查表等。制定安全检查表要在安全技术部门的指导下,充分依靠职工来进行。初步制定出来的检查表,要经过群众的讨论,反复试行,再加以修订,最后由安全技术部门审定后方可正式实行。

（四）施工过程的安全生产监理

1. 安全生产的巡视检查

巡视检查是监理工程师在施工过程中进行安全与质量控制的重要手段。在巡视检查中应该加强对施工安全的检测,防止安全事故的发生。其主要分为以下几种情况。

（1）高空作业情况

为防止高空坠落事故的发生,监理工程师应重点巡视现场,看施工组织设计中的安全措施是否落实,具体内容如下。

①架设是否牢固。

②高空作业人员是否系保险带。

③是否采用防滑、防冻、防寒、防雷等措施,遇到恶劣天气不得高空作业。

④有无尚未安装栏杆的平台、雨篷、挑檐。

⑤孔、洞、口、沟、坎、井等部位是否设置防护栏杆,洞口下是否设置防护网。

⑥作业人员从安全通道上下楼,不得从架子攀登,不得随提升机、货运机上下。

⑦梯子底部坚实可靠，不得垫高使用，梯子上端应固定。

（2）安全用电情况

为防止触电事故的发生，监理工程师应该予以重视，不合格的要求整改。主要分为以下几种情况。

①开关箱是否设置漏电保护。

②每台设备是否一机一闸。

③闸箱三相五线制连接是否正确。

④室内、室外电线、电缆架设高度是否满足规范要求。

⑤电缆埋地是否合格。

⑥检查、维修是否带电作业，是否挂标志牌。

⑦相关环境下用电电压是否合格。

⑧配电箱、电气设备之间的距离是否符合规范要求。

（3）脚手架、模板情况

为防止脚手架坍塌事故的发生，监理工程师应对脚手架的使用安全引起足够重视，对脚手架的施工工序应该进行验收。其主要有以下几种情况。

①脚手架用材料（钢管、卡子）质量是否符合规范要求。

②节点连接是否满足规范要求。

③脚手架与建筑物连接是否牢固、可靠。

④剪刀撑设置是否合理。

⑤扫地杆安装是否正确。

⑥同一脚手架用钢管直径是否一致。

⑦脚手架安装、拆除队伍是否具有相关资质。

⑧脚手架底部基础是否符合规范要求。

（4）机械使用情况

由于施工过程中的违规操作、机械故障等，可能会造成人员的伤亡。因此，对于机械安全使用情况，监理工程师应进行验收，对于不合格的机械设备，应令施工承包单位清出施工现场，不得使用，对没有资质的操作人员停止其操作行为。验收检查主要如下。

①具有相关资质的操作人员身体情况、防护情况是否合格。

②机械上的各种安全防护装置和警示牌是否齐全。

③机械用电连接等是否合格。

④起重机载荷是否满足要求。

⑤机械作业现场是否合格。

⑥塔吊安装、拆卸方案是否编制合理。

⑦机械设备与操作人员、非操作人员的距离是否满足要求。

（5）安全防护情况

有了必要的防护措施就可以大大减少安全事故的发生。监理工程师对安全防护情况的检查验收主要如下。

①防护是否到位，不同的工种应该有不同的防护装置，如安全帽、安全带、安全网防护罩、绝缘服等。

②自身安全防护是否合格，如头发、衣服、身体状况等。

③施工现场周围环境的防护措施是否健全，如高压线、地下电缆、运输道路以及沟河、洞等对建设工程的影响。

④安全管理费用是否到位，能否保证安全防护的设置需求。

2. 安全生产沟通、参与和协商

组织应针对职业健康与安全危险源和职业健康与安全管理体系建立、实施并保持基本程序，实现沟通、参与和协商。

①组织内部不同层次和职能间的沟通。与进入工作场所的建设单位和其他访问者的沟通；接收、记录和回应来自外部相关方的沟通。

②员工适当地参与危险源辨识、风险评价和控制措施的确定；适当地参与事件调查；参与职业健康与安全方针和目标的制定、评审；商讨影响他们职业健康与安全的任何变化。

③与建设单位共同协商对他们的职业健康与安全产生影响的问题。适当时，组织应确保与外部相关方就有关的职业健康与安全事务进行协商。

3. 安全生产事故的救援与调查处理

安全事故发生后，应急救援工作至关重要。应急救援工作做得好可以最大程度地减少损失，可以及时挽救事故受伤人员的生命，可以尽快使事故得到妥善的处理与处置。

（1）安全生产事故的应急救援预案

①县级以上地方人民政府建设行政主管部门应当根据本级人民政府的要求，制定本行政区域内建设工程特大安全生产事故的应急救援预案。

②施工承包单位应当制定本单位安全生产事故应急救援预案，建立应急救援组织或配备应急救援人员，配备必要的应急救援器材、设备，并定期组织演练；施工现场应当根据本工程的特点、范围，对施工现场易发生重大事故的部位、环节进行监控，制定施工现场安全生产事故救援预案；实行施工总承包的，由总承包单位统一组织编制建设工程安全生产事故救援预案，工程总承包单位和分包单位按照应急救援预案各自建立应急救援组织或者配备

应急救援人员，配备应急救援器材、设备，并定期组织演练。

③安全生产事故的应急救援。安全事故发生后，监理工程师积极协助、督促施工承包单位按照应急救援预案进行紧急救助，以最大程度地减少损失，挽救事故受伤人员的生命。

（2）安全生产事故报告制度

监理单位在安全生产事故发生后，应督促施工承包单位及时、如实地向有关部门报告，应下达停工令，并报告建设单位，防止事故的进一步扩大和蔓延；施工承包单位发生安全事故，应当按照国家有关伤亡事故报告和调查处理的规定，及时、如实地向负责安全生产的监督管理部门、建设行政主管部门或者其他有关部门报告；特种设备发生事故的，还应当同时向特种设备安全监督管理部门报告。

（3）安全生产事故的调查处理

①事故的调查。特别是对于重大事故的调查应由事故发生地的市、县级以上建设行政主管部门或者国务院有关主管部门组成调查组负责进行，调查组可以聘请有关方面的专家协助进行技术鉴定、事故分析和财产损失的评估工作。调查的主要内容有：与事故有关的工程情况；事故发生的详细情况，如发生的地点、时间、工程部位、性质、现状及发展变化等；与事故有关的数据和资料；事故原因分析和判断；事故发生后所采取的临时防护措施；事故处理的建议方案及措施；事故涉及的有关人员及责任情况。

②事故的处理。先对事故进行调查研究，收集充分的数据资料，广泛听取专家及各方面的意见和建议，经科学论证，决定该事故是否需要做出处理，并坚持实事求是的科学态度，制订安全、可靠、适用及经济的处理方案。

事故处理报告应逐级上报。事故处理报告的内容包括：事故的基本情况、事故调查及检查情况、事故原因分析、事故处理依据；安全、质量缺陷处理方案及技术措施；实施安全、质量处理中的有关数据、记录、资料；对处理结果的检查、鉴定和验收、结论意见。

第四节　工程建设项目安全管理体系的建设

一、安全管理体系的作用

建设工程安全生产监理的范围包括土木工程、建筑工程、线路管道和设备安装工程及装修工程的新建、扩建、改建和拆除等有关活动的安全生产的监督管理。根据《安全生产法》《建设工程安全生产管理条例》等法律法规规定，工程监理单位必须遵守安全生产法律、法规的规定，保证建设工程安全生产，依法承担建设工程安全生产责任。

（一）有利于安全法规和制度的贯彻执行

职业健康与安全管理体系要求组织必须承诺遵守相关法规和制度，并实施评审监测，以检验其遵守情况。

此外，管理体系还要求组织及时学习和掌握法规、制度修改后的新要求，以保证组织能够持续有效地贯彻执行。

（二）有利于提高全民的安全意识

要建立职业健康与安全管理体系，必须对组织成员进行系统的安全培训，使每一个员工都能参与组织的职业健康与安全管理工作。同时，还要求被认证的组织对相关方施加影响，全面提高安全意识。因此，组织一旦实施了职业健康与安全管理体系，将会产生以点带面，进而影响一片的效果。随着职业健康与安全管理体系标准的推广，全民的职业健康与安全意识将会得到提高。

（三）有利于提高职业健康与安全管理水平

职业健康与安全管理体系将职业健康与安全和组织的各项管理融为一体，使组织的职业健康与安全工作由"你要我做什么"的消极被动服从，变为"我要做什么"的积极主动参与。组织自愿建立职业健康与安全管理体系，并申请第三方认证，将自身的职业健康与安全管理自觉地置于自我监督、自我检查和自我完善的管理体系中，并通过持续改进其有效性以提高职业健康与安全管理水平。同时，组织通过对供方和合同方施加影响，可以形成多米诺骨牌式的联动效应。

（四）有利于提高职业健康与安全管理绩效

职业健康与安全管理体系是基于系统化管理理论来组织建立和积极实施的，因此具有较强的科学性和有效性。该体系针对导致事故发生的深层次原因——管理因素，实行全员、全过程和全方位的职业健康与安全管理，以控制组织的职业健康与安全风险并预防事故的发生，从而起到持续改进和提高组织职业健康与安全管理绩效的作用。

（五）树立良好的企业形象

优秀的现代化企业除了要具有雄厚的经济实力和先进的技术水平外，还应当具有很强的社会关注力和责任感、优秀的环境保护业绩和良好的员工职业健康与安全记录，这些实际上也是优秀的现代化企业与普通企业的主要区别。因此，建立高效的职业健康与安全管理体系，并与质量和环境管理体系进行有机融合已逐渐成为衡量优秀企业的基本准则。

二、工程监理单位安全监理责任

①工程监理单位应审查施工组织设计中的安全技术措施或专项施工方案，其应符合工程建设强制性标准的要求。

②工程监理单位在设施监理过程中，发现存在安全事故隐患的，应要求事故单位整改；情况严重的，应要求施工单位暂时停止施工，并及时报告建设单位。施工单位拒不整改或者不停止施工的，工程监理单位应及时向有关主管部门报告。

③工程监理单位和监理人员应按照法律、法规、规章和工程建设强制性标准实施监理，并对建设工程安全审查承担监理责任。

④工程监理单位法定代表人应对本企业监理的工程项目落实安全生产监理责任全面负责。

⑤工程监理单位技术负责人应负责审批项目监理机构的安全监理方案，指导总监审查施工工艺复杂、技术难度大的专项施工方案。

⑥工程监理单位应建立以下安全监理工作制度，并督促检查项目建立机构落实情况。应建立审查核验制度、检查验收制度、督促整改制度、工地例会制度、报告制度、教育培训制度、资料管理与归档制度，以及其他为落实安全监理责任做好安全监理工作必要的制度。

三、监理机构及人员安全监理工作职责

项目监理机构应负责工程项目现场安全监理工作的实施，配置专职安全监理人员及必要的安全生产法规、标准及安全技术文件，工作防护设备、设施和常用检测工具。

（一）总监理工程师工作职责

①全面负责项目监理机构的安全监理工作。

②确立项目监理机构安全监理岗位设置，明确各岗位监理人员的安全监理职责。

③检查项目监理机构安全监理工作制度落实情况。

④主持编写安全监理月报、安全监理专题报告和安全监理工作总结。

⑤主持编写安全监理方案，审批安全监理实施细则。

⑥主持审查施工组织设计中的安全技术措施、专项施工方案和应急救援预案。

⑦主持审查施工单位的资质证书、安全生产许可证。

⑧组织审核施工单位安全防护、文明施工产生费用的使用情况。

⑨组织核查大型起重机械和自升式架设设施的验收手续。

⑩组织核准施工单位安全质量标准化达标工地考核评分。

⑪签发工程暂停令，并同时报告建设单位。

⑫负责向本单位负责人报告施工现场安全事故。

总监理工程师可将部分安全监理工作向总监理工程师代表授权，但上述①~⑤款，以及第⑦⑪款不得委托。

（二）安全监理人员工作职责

①在总监理工程师领导下，负责项目监理机构日常安全监理工作的实施。

②参与编制安全监理方案和安全监理实施细则。

③负责审查施工单位的资质证书、安全生产许可证、两类人员证书、特种作业操作证，检查施工单位工程项目安全生产规章制度、安全管理机构的建立情况，参与审查施工组织设计中的安全技术措施、专项施工方案和应急救援预案。

④负责审查施工单位上报的危险性较大工程清单和需经项目监理机构核查的大型起重机械和自升式架设设施清单，核查大型起重机械和自升式架设设施的验收手续。

⑤核准施工单位安全标准化达标工地考核评分。

⑥协助审核施工单位安全防护、文明施工措施费用的使用情况。

⑦负责抽查施工单位安全生产自查情况，参加建设单位组织的安全生产专项检查。

⑧巡视检查施工现场安全状况，参与专项施工方案实施情况的定期巡视检查，发现安全事故隐患及时报告总监理工程师并参与处理。

⑨填写监理日记中的安全监理工作记录，参与编写安全监理工作月报。

⑩管理安全记录资料、台账。

⑪协助总监理工程师处理施工现场安全事故中涉及监理的工作。

（三）专业监理工程师工作职责

①在总监理工程师领导下，参与项目监理机构的安全监理工作。

②负责编制安全监理实施细则，参与编制安全监理方案。

③负责审查施工组织设计中的安全技术措施、专项施工方案和应急救援

预案。

④负责就安全监理实施细则向相关监理人员交底，负责专项施工方案实施情况的定期巡视检查，发现安全事故隐患及时报告总监并参与处理。

⑤提供与本职责有关的安全监理资料。

（四）监理员工作职责

①认真学习和贯彻有关建设监理的政策、法规以及国家和省、市有关工程建设的法律和法规政策、标准和规范，在工作中做到以理服人。

②监理员在工作中也应该努力学习专业技术和建设监理知识。不断提高业务能力和监理水平，保持其知识和技能水平与技术、法规、管理的发展相一致。

③检查承包单位投入工程项目的人力、材料、主要设备及其使用、运行状况，并做好检查记录；督促、检查施工单位安全措施的投入。

④复核或从施工现场直接获取工程计量的有关数据并签署原始凭证。

⑤按设计图及有关标准，对承包单位的工艺过程或施工工序进行检查和记录，对加工制作及工序施工质量检查结果进行记录。

⑥根据项目监理机构岗位职责安排，在分管业务范围内，检查施工现场安全状况，发现问题及时报告专业监理工程师或安全监理人员。

⑦做好检查记录。

⑧在执行过程中，若作为监理依据的法规、文件互相矛盾时，现场监理员应必须及时向驻地监理工程师请示，由驻地监理工程师指定。

（五）监理单位的违法行为及其承担的法律责任

1. 违法行为

①未对施工组织设计中的安全技术措施或者专项施工方案进行审查的。此规定包含三方面的含义：一是没有对施工组织设计进行审查；二是没有进行认真的审查；三是可能没有审查出导致安全事故发生的重要原因。因此，监理工程师对施工组织设计的审查应该是能够通过自己所掌握的专业知识进行详细的审查，应该做到满足技术规定的要求；否则，将会为此承担法律责任。

②发现安全事故隐患未及时要求施工承包单位整改或者暂时停止施工的。此条规定有两方面的含义：一方面是监理单位是否及时发现在施工中存在的安全事故隐患，包括不安全状态、不安全行为等；另一方面是发现了安全隐患是否及时要求施工承包单位整改或暂时停止施工。发现隐患，及时整改，可以避免或减少损失。

③施工承包单位拒不整改或者不停止施工的，未及时向有关主管部门报告的。发现安全隐患，及时要求施工承包单位立即整改或停止施工，而施工承包单位拒不执行的，应当立即向建设单位或者有关主管部门报告，否则监理单位依然要承担法律责任。具体操作以监理通知或工作纪要等书面文字为依据。

④未依照法律、法规和工程建设强制性标准实施监理的。监理单位是建设单位在施工现场的监管者，不仅要对质量、进度和投资进行控制，还要增强对安全的控制，即对建设工程安全生产承担监理责任。监理单位未能依照法律、法规和工程建设强制性标准对建设工程安全生产进行监理的，也要承担相应的法律责任。

2. 法律责任

①行政责任。对于监理单位的上述违法行为，应当责令其限期改正；逾期未改正的，责令停业整顿，并处 10 万元以上 30 万元以下的罚款；情节严重的，降低资质等级，直至吊销资质证书。对于注册执业人员未执行法律、法规和工程建设强制性标准的，责令停止执业 3 个月以上 1 年以下；情节严重的，吊销执业资格证书，5 年内不予注册；造成重大安全事故的，终身不予注册；构成犯罪的，依照刑法有关规定追究刑事责任。

②民事责任。监理单位基于建设单位委托合同参加到工程建设中，由于自身的违法行为，往往也是违约行为，损害了建设单位的利益。如果给建设单位造成损失，监理单位应当对建设单位承担赔偿责任。

③刑事责任。《中华人民共和国刑法》第一百三十七条规定：建设单位、设计单位、施工单位、工程监理单位违反国家规定，降低工程质量标准，造成重大安全事故的，对直接责任人员，处五年以下有期徒刑或者拘役，并处罚金；后果特别严重的，处五年以上十年以下有期徒刑，并处罚金。

四、安全监理的主要工作

（一）准备阶段的主要工作

①监理项目机构应编制安全监理方案。

②对中型及以上项目，项目监理机构应编制安全监理实施细则。对各项危险性较大工程，项目监理机构应单独编制相对应的安全监理实施细则。

③项目监理机构应调查了解和熟悉施工现场及周边环境情况。

④项目监理机构宜将《建设工程安全生产管理条例》中的建设单宜告知建设单位。

（二）实施阶段的主要工作

①审查施工单位的资质证书和安全生产许可证的合法有效性；审查项目经理、专职安全生产管理人员配备与到位数量是否符合相关规定；审查特种作业人员操作证的合法有效性。

②检查施工总包单位在工程项目上的安全生产规章制度和安全管理机构的建立情况，并应督促施工总包单位检查各施工分包单位的安全生产规章制度的建立情况。对施工单位编制的施工组织设计中的安全技术措施和专项施工方案进行审查，其应符合工程建设强制性标准要求。

③对施工单位安全防护、文明施工措施费用使用计划和应急救援预案进行审核。

④对须经项目监理机构核验的大型起重机械和自升式架设设施清单进行审查，并应核查施工单位对大型起重机械、整体提升脚手架、模板等自升式架设设施和安全设施的验收手续。

⑤对施工单位上报的危险性较大的工程清单进行审查，并定期巡视检查施工单位对危险性较大工程的监管和作业情况。

⑥检查施工现场各种安全标识和安全防护措施，其应符合工程建设强制性标准要求，并应对照安全防护措施费用计划检查其使用情况。

⑦审查并核准施工单位施工现场安全质量标准化达标工地的考核评分。

⑧监督施工单位按照施工组织设计中的安全技术措施和专项施工方案组织施工，采用监理手段及时制止违规施工作业。

⑨督促施工单位进行安全自查工作，并应对施工单位自查情况进行抽查，应参加建设单位组织的安全生产专项检查。

（三）总结阶段的主要工作

①工程竣工后，项目监理机构应编写安全监理工作总结。

②工程监理单位应将安全监理工作中的有关文件资料按规定立卷归档。

第六章　工程建设项目的环境管理

在工程建设项目施工过程中，会不可避免地产生噪声、粉尘、建筑垃圾等，损害施工人员安全及影响周边环境。同时，施工环境的复杂性也会导致施工人员的健康受到影响。随着人类社会进步和科技的发展，职业健康安全与环境的问题越来越突出。为了保证施工人员在劳动生产过程中的健康安全以及保护人类的生存环境，必须加强职业健康安全与环境管理。本章将系统讲述工程建设项目的环境管理相关知识。

第一节　工程建设项目安全与环境管理概述

一、职业健康安全管理与环境管理概述

职业健康安全是国际上通用的词语，通常是指影响作业场所内的员工、临时工作人员、合同工作人员、合同方人员、访问者和其他人员健康安全的条件和因素。

劳动保护通常是指保护劳动者在劳动生产过程中的健康和安全，包括改善劳动条件、预防工伤事故及职业病、实现劳逸结合和对女工的特殊保护等方面采取的各种管理和技术措施。

职业健康安全和劳动保护在名称上虽然不同，但其工作内容大致相同，可以认为是同一概念的两种不同的命名。

对环境如何定义，必须通过对主体的界定来确定环境的定义。如《环境保护法》中环境是指"影响人类生存和发展的各种天然的和经过人工改造的自然因素的总体，包括大气、水、海洋、土地、矿藏、森林、草原、湿地、野生生物、自然遗迹、人文遗迹、自然保护区、风景名胜区、城市和乡村等"。这是一种把各种自然因素（包括天然和经过人工改造的）界定为主体的对环境的定义。

（一）职业健康安全管理与环境管理的关系

根据《职业健康安全管理体系 要求》和《环境管理体系 要求及使用指南》，职业健康安全管理和环境管理都是组织管理体系的一部分，其管理的主体是组织，管理的对象是一个组织的活动、产品或服务中能与职业健康安全发生相互作用的不健康、不安全条件和因素及能与环境发生相互作用的要素。

因此，组织在职业健康安全管理中，应建立职业健康安全的方针和目标，识别与组织运行活动有关的危险源及其风险，通过风险评价，对不可接受的风险采取措施进行管理和控制。组织在环境管理中，应建立环境管理的方针和目标，识别与组织运行活动有关的环境因素，通过环境影响评价，对能够产生重大环境影响的因素采取措施进行管理和控制。应当特别指出的是，组织运行活动的环境因素给环境造成的影响不一定都是有害的，有些环境因素会对环境造成有益影响，无论是对环境影响有害或有益的重大环境因素，组织都要采取措施进行管理和控制。而职业健康安全一般只对有害因素（不安全因素、不利于健康的因素）进行管理和控制。在我国，通常把职业健康安全管理称为安全生产管理。

（二）职业健康安全管理与环境管理的目的

1. 工程建设项目职业健康安全管理的目的

工程建设项目职业健康安全管理的目的是防止和减少生产安全事故、保护产品生产者的健康与安全、保障人民群众的生命和财产免受损失。控制影响工作场所内员工、临时工作人员、合同方人员、访问者和其他有关部门人员健康和安全的条件与因素，考虑和避免因管理不当对员工健康与安全造成的危害，是职业健康安全管理的有效手段和措施。

2. 工程建设项目环境管理的目的

工程建设项目环境管理的目的是保护生态环境，使社会的经济发展与人类的生存环境相协调。控制作业现场的各种粉尘、废水、废气、固体废弃物以及噪声、振动对环境的污染和危害，考虑能源节约和避免资源的浪费。

（三）工程建设职业健康安全管理与环境管理的特点

依据建设工程产品的特性，工程建设职业健康安全管理与环境管理有以下特点。

①建筑产品的固定性和生产的流动性及受外部环境影响因素多，决定了职业健康安全管理与环境管理的复杂性。

②建筑产品生产的单件性决定了职业健康安全管理与环境管理的多

变性。

③产品生产过程的连续性和分工性决定了职业健康安全管理与环境管理的协调性。

④产品的委托性决定了职业健康安全管理与环境管理的不符合性。

⑤产品生产的阶段性决定了职业健康安全管理与环境管理的持续性。

⑥产品的时代性、社会性与多样性决定了环境管理的经济性。

二、施工企业安全管理

（一）工程建设项目的施工特点

建设行业属于事故发生率较高的行业，其施工特点如下。

①高处作业多。

②露天作业多。

③立体交叉作业多。建设产品结构复杂，工期较紧，必须多单位、多工种相互配合，立体交叉施工。如果管理不好、衔接不当、防护不严，就有可能造成相互伤害。

④临时员工多。

以上这些特点决定了工程建设项目的施工过程是复杂的生产过程。因此，必须加强施工过程的安全管理与安全技术措施。

（二）工程建设项目安全事故发生的原因

事故的发生，不但给企业造成严重的经济损失，影响企业声誉，制约企业的生存和发展，同时还会给家庭带来不幸，甚至会影响社会的稳定。分析事故发生的原因，主要有以下几个方面。

一是有些建设单位不执行有关法律、法规，不按建设程序办事。将工程肢解发包，签订虚假合同，要求垫资施工，拖欠工程款，造成安全生产费用投入不足，严重削弱了施工现场安全生产防护能力，致使安全防护很难及时到位，再加上强行压缩合同工期导致的交叉施工和疲劳作业，最终酿成事故。

二是一些监理单位没有严格按照《建设工程安全生产管理条例》的规定认真履行安全监理职责，还停留在过去"三控二管一协调"的工作内容和要求上，只重视质量，不重视安全，对有关安全生产的法律法规、技术规范和标准还不清楚、不熟悉，没有完全掌握，不能有效地开展安全监理工作，法律法规规定的监理职责和安全监管作用得不到发挥，形同虚设。

三是一些施工企业安全生产基础工作薄弱，安全生产责任制不健全或落实目标管理不到位。没有相应的施工安全技术保障措施，缺乏安全技术交底，有的企业甚至把施工任务通过转包、违法分包或以挂靠的形式承包给一些根本不具备施工条件或缺乏相应资质的队伍和作业人员，给安全生产带来极大隐患。

四是有些地方工程建设安全生产监督机构人员缺编，没有经费来源，没有处罚依据，质量监督站的安全监督作用未得到充分发挥。

五是从业人员整体安全素质不高，大部分一线作业人员，特别是农民务工人员安全意识不强，缺乏基本的安全知识，自我保护能力差，此问题非常突出。

六是由于建筑市场竞争十分激烈，建设单位往往拒付施工企业安全措施费用。在工程造价中不计提安全施工设施费用，施工单位为了揽到工程而委曲求全，一旦中标，用于安全生产的必要设备、器材、工具等购置能省则省，导致施工现场十分混乱，大大增加了安全事故发生的可能性。

七是各类开发区、工业园区、招商引资项目、个体投资项目及旧村改造工程违法违规现象较严重。部分工程无规划定点，无用地许可证，无施工许可证，无招投标手续，无质量安全监督手续，未进行施工图纸审查便进行施工，从源头上给工程建设带来了事故隐患。

八是目前大多数施工企业还不能有效利用先进的管理技术和信息技术来提高管理水平。应利用信息管理手段建立诚信体系和不良记录，把企业市场行为、安全业绩和存在问题全部纳入，与市场准入、资质资格、评优评先、行政处罚直接挂钩。

（三）防范事故发生的措施

根据事故发生的原因，可以采取措施加以防范。

搭建施工现场安全生产的管理平台，建立建设单位、监理单位、施工单位三位一体的安全生产保证体系。

实行建设工程安全监理制度，对监理单位及监理人员的安全监理业绩实行考评，作为年检或注册的依据，规定监理单位必须按规定配备专职安全监管人员。

落实企业基础工作，强化企业主体责任。按照《安全生产法》等法律、法规的规定，建筑企业必须建立安全生产责任制，签订安全生产责任书，明确各自的责任。

总分包单位之间、企业与项目部之间均应签订安全生产目标责任书。工程各项经济承包合同中必须有明确的安全生产指标，安全生产目标责任书中必须有明确的安全生产指标，有针对性的安全保证措施，以及双方责任及奖惩方法。

施工现场职工人数超过 50 人的必须设置专职安全员。建筑面积 1 万 m^2 以上的必须设置 1～3 名专职安全员；5 万 m^2 以上的大型工地要按专业设置专职安全员，组成安全管理组，负责管理安全生产工作。

应建立企业和项目部各级、各部门和各类人员安全生产责任考核制度。企业一级部门、人员和项目经理的安全生产责任制由企业安全管理部门每半年考核一次，项目部其他管理人员和各班组长的安全生产责任制由项目部每季度考核一次。

施工企业在工程开工前应制定总的安全管理目标，包括伤亡事故指标、安全达标和文明施工目标以及采取的安全措施。项目部与施工管理人员和班组必须签订安全目标责任书，并将安全管理目标按照各自职责逐级分解。项目部制定安全目标责任考核规定，责任到人，定期考核。

施工组织设计中应包含施工安全技术措施，针对每项工程在施工过程中可能发生的事故隐患和可能发生安全问题的环节进行预测，在技术和管理上采取措施，消除或控制施工过程中的不安全因素，防范事故的发生。施工安全技术措施主要包括进入施工现场的安全规定，地面及深坑作业的防护，高处及立体交叉作业的防护，施工用电安全，机械设备的安全使用，对采用的新工艺、新材料、新技术和新结构，制定有针对性、行之有效的专门安全技术措施，预防自然灾害措施，防火防爆措施。

施工企业建立安全技术交底制度，内容应包括工作场所的安全防护设施、安全操作规程、安全注意事项等，既要做到有针对性，又要简单明了。

施工企业和项目部必须建立定期安全检查制度，明确检查方式、时间和整改处罚措施等内容，特别要明确工程安全防范的重点部位和危险岗位的检查方法。

建议各级主管部门进一步高度重视建设安全生产工作，协调有关部门，解决安全生产管理机构的"机构、人员、职能、经费"问题。

加大建设工程施工机械管理力度，把好入场关。特别是对塔机等起重机械作为特种设备采取备案、准入制度，强化市场管理和现场管理，淘汰不符合要求的起重机械，对起重机械的产权单位、租赁单位实行登记、验收、检测制度，使起重机械的管理逐步规范化。

企业要建立施工现场工伤事故定期报告制度，记录并建立事故档案。每月要填写伤亡事故报表，发生伤亡事故必须按规定进行报告，并认真按"四不放过"（事故原因调查不清不放过，事故责任不明不放过，事故责任者和群众未受到教育不放过，防范措施不落实不放过）的原则进行调查处理，将安全工作的违章情况、评估评价与招投标挂钩；对于"三类人员"不到位、无安全生产许可证的施工企业，不予办理招投标手续；发生安全事故的企业，在参加工程投标时按相应规定扣减商务标得分；发生重大伤亡事故的企业，酌情给予暂停投标或降低资质等级处分。

三、企业安全组织机构与规章制度

（一）企业安全组织机构

安全组织机构的设置在企业安全生产的管理中是一项最基本的也是最重要的工作。组织机构的设置要遵守《安全生产法》的规定，也就是说企业第一责任人同时也是安全生产的第一责任人，负责企业安全工作重大问题的组织研究和决策。

主要安全负责人负责企业的安全生产管理工作，施工企业的性质决定企业必须设立安全职能部门，以负责日常安全生产工作的管理监督和落实。

安全组织机构的设置应体现高效精干，既有较强的责任心，又有一定的吃苦精神；既有较丰富的理论知识、法律意识，又有丰富的现场实践经验；既有一定的组织分析能力，又有良好的道德修养。安全组织机构不能仅是框架，不能是迫于形势要求的一个设置机构。

安全组织机构人员要熟知国家法律、法规知识，并贯穿运用到企业生产实践中去；要负责修订和不断完善企业的各项安全生产管理制度；负责组织学习、培训企业在职人员的安全管理知识和实际操作技能；负责监督、检查、指导企业的安全生产执行情况；负责查处企业安全生产中违章、违规行为；负责对事故进行调查分析及相应处理。在企业安全组织机构建立完善的同时，层层建立安全生产责任制，责任制要融入单位、部门和岗位之中。

（二）企业安全规章制度

安全规章制度是安全管理的一项重要内容。

在企业的经营活动中实现制度化管理是一项重要课题，安全规章制度的制定依据要符合安全法律和行业规定，内容要齐全、针对性强。企业的安全生产制度应该体现出实效性和可操作性，反映企业性质，面向生产一线，让职工体会并理解透彻。一部合理、完善、具有可操作性的企业安全规章制度，有利于企业领导的正确决策，有利于规范企业和企业职工行为，有利于指导企业一线安全生产的实施，提高职工的安全意识，加强企业的安全管理，最终实现杜绝或减少安全事故发生的目的，为企业的生产经营和生存发展奠定良好的基础。

（三）企业经常性的安全教育与培训

职工的安全教育在施工企业中应该是一堂必修课，而且应该具有计划性、长期性和系统性。安全教育由企业的人力资源部门纳入职工统一教育、培训计划，由安全职能部门管理和组织实施，目的在于通过教育和培训提高职工的安全意识，强化安全生产知识，有效地防止不安全行为，减少人为失误。安全教育与培训要适时、适地、内容合理、方式多样，形成制度，做到严肃、严格、严密、严谨，讲求实效。

1. 单位教育

对于新进单位和调换工种的职工应进行安全教育和技术培训，经考核合格方准上岗。一般企业对于新进单位的职工实行三级安全教育，这也是新职工接受的首次安全生产方面的教育。企业对新职工进行初步安全教育的内容包括劳动保护意识和任务的教育；安全生产方针、政策、法规、标准、规范、规程和安全知识的教育；企业安全规章制度的教育。

各部门对新分配来的职工进行安全教育的内容包括施工项目安全生产技术操作一般规定；施工现场安全生产管理制度；安全生产法律和文明施工要求；工程的基本情况，现场环境、施工特点、可能存在的不安全因素。

班组对新分配来的职工进行工作前的安全教育，内容包括从事施工必要的安全知识、工具设备及安全防护设施的性能和作用教育；本工种安全操作规程；班组安全生产、文明工基本要求、劳动防护用品的使用要求。

2. 特种及特定的安全教育

特种作业人员，除按一般安全教育外，还要按照《特种作业人员安全技术培训考核管理规定》中的有关规定，按国家、行业、地方和企业规定进行特种专业培训、资格考核，取得特种作业人员操作证后方可上岗。再针对季节性变化、工作对象改变、工种变换，新工艺、新材料、新设备的使用，以及发现事故隐患或事故后，应进行特定的适时的安全教育。

3. 经常性安全教育

企业在做好新职工进单位教育、特种作业人员安全教育和各级领导干部、安全管理干部的安全生产教育培训的同时，还必须把经常性的安全教育贯穿安全管理的全过程，并根据接受教育的对象和不同特点，采取多层次、多渠道、多方法进行安全生产教育。经常性安全教育反映安全教育的计划性、系统性和长期性，有利于加强企业领导干部的安全理念，有利于提高全体职工的安全意识。更加具体地反映出安全生产不是一招一式、一朝一夕的事情，而是一项系统性、长期性、社会化、公益性的工程。施工现场的班前安全活动会就是经常性教育的一个缩影，长期有效的班前活动更面向生产一线、贴近职工生活，具体地指出了职工在生产经营活动中应该怎样做，注意哪些不安全因素，怎样消除不安全因素，从而保证安全生产，提高施工效率。

4. 安全培训

培训是安全工作的一项重要内容，培训分为理论知识培训和实际操作培训，随着社会经济的发展和管理工作的不断完善，新材料、新工艺、新设备、新规定、新法规也不断在施工活动中得到推广和应用。因此就要组织职工进行必要的理论知识培训和实际操作培训，通过培训让其了解掌握新知识的内涵，更好地运用到工作中去，通过培训让职工熟悉掌握新工艺、新设备的基本施工程序和基本操作要点。同样对一些新转岗的职工和脱岗时间长的职工也应该进行实际操作培训工作，以便在正式上岗之前熟悉掌握本岗位的安全知识和操作注意事项。

第二节　工程建设项目环境保护的要求与措施

一、工程建设项目环境保护的要求

工程建设项目必须满足有关环境保护法律法规的要求，在施工过程中注意环境保护，这对企业发展、员工健康和社会文明有重要意义。

环境保护是按照法律法规、各级主管部门和企业的要求，保护和改善作业现场的环境，控制现场的各种粉尘、废水、废气、固体废弃物、噪声、振动等对环境的污染和危害。环境保护也是文明施工的重要内容之一。

根据《环境保护法》和《中华人民共和国环境影响评价法》的有关规定，工程建设项目对环境保护的基本要求如下。

①涉及依法划定的自然保护区、风景名胜区、生活饮用水水源保护区及其他需要特别保护的区域的，应当符合国家有关法律法规及该区域内工程建设项目环境管理的规定，不得建设污染环境的工业生产设施；工程项目设施的污染物排放不得超过规定的排放标准。

②开发利用自然资源的项目，必须采取措施保护生态环境。

③工程建设项目选址、选线、布局应当符合区域、流域规划和城市总体规划。

④应满足项目所在区域环境质量、相应环境功能区划和生态功能区划标准或要求。

⑤拟采取的污染防治措施应确保污染物排放达到国家和地方规定的排放标准，满足污染物总量控制要求；涉及可能产生放射性污染的，应采取有效预防和控制放射性污染措施。

⑥工程建设项目应当采用节能、节水等有利于环境与资源保护的建筑设计方案、建筑和装修材料、建筑构配件及设备。建筑和装修材料必须符合国家标准。禁止生产、销售和使用有毒、有害物质超过国家标准的建筑和装修材料。

⑦尽量减少建设工程施工中所产生的干扰周围生活环境的粉尘及噪声。

⑧应采取生态保护措施，有效预防和控制生态破坏。

⑨对环境可能造成重大影响、应当编制环境影响报告书的工程建设项目，可能严重影响项目所在地居民生活环境质量的工程建设项目，以及存在重大意见分歧的工程建设项目，环保总局可以举行听证会，听取有关单位、专家和公众的意见，并公开听证结果，说明对有关意见采纳或不采纳的理由。

⑩工程建设项目中防治污染的设施，必须与主体工程同时设计、同时施工、同时投产使用。防治污染的设施必须经原审批环境影响报告书的环境保护行政主管部门验收合格后，该工程建设项目方可投入生产或者使用。

二、工程建设项目环境保护的措施

工程建设过程中的污染主要包括对施工场界内的污染和对周围环境的污染。对施工场界内的污染防治属于职业健康问题；而对周围环境的污染防治是环境保护的问题。

工程建设环境保护措施主要包括大气污染的防治、水污染的防治、噪声污染的防治、固体废弃物的处理以及文明施工等措施。

（一）大气污染的防治

1. 大气污染物的分类

大气污染物的种类有数千种，已发现有危害作用的有 100 多种，其中大部分是有机物大气污染物通常以气体状态和粒子状态存在于空气中。

（1）气体状态污染物

气体状态污染物具有运动速度较大，扩散较快，在周围大气中分布比较均匀的特点。气体状态污染物包括分子状态污染物和蒸气状态污染物。

分子状态污染物指在常温常压下以气体分子形式分散于大气中的物质，如燃料燃烧过程中产生的二氧化硫、氮氧化物、一氧化碳等。

蒸气状态污染物指在常温常压下易挥发的物质，以蒸气状态进入大气，如机动车尾气、沥青烟中含有的碳氢化合物等。

（2）粒子状态污染物

粒子状态污染物又称固体颗粒污染物，是分散在大气中的微小液滴和固体颗粒，粒径在 0.01 ~ 100 m，是一个复杂的非均匀体。通常根据粒子状态污染物在重力作用下的沉降特性又可分为降尘和飘尘。

降尘指在重力作用下能很快下降的固体颗粒，其粒径大于 10 μm。

飘尘指可长期飘浮于大气中的固体颗粒，其粒径小于等于 10 μm。飘尘具有胶体的性质，故又称为气溶胶。

2. 建筑垃圾和空气污染的防治

（1）建筑垃圾的防治

①施工现场垃圾渣土要及时清理出现场。

②高大建筑物清理施工垃圾时，要使用封闭式的容器或者采取其他措施处理高空废弃物，严禁凌空随意抛撒。

（2）空气污染的防治

①现场道路应指定专人定期洒水清扫，形成制度，防止道路扬尘。

②对于细颗粒散体材料（如水泥、粉煤灰、白灰等）的运输、储存要注意遮盖、密封，防止和减少飞扬。

③车辆开出工地要做到不带泥沙，基本做到不洒土、不扬尘，减少对周围环境的污染。

④除设有符合规定的装置外，禁止在施工现场焚烧油毡、橡胶、塑料、皮革、树叶、枯草、各种包装物等废弃物品以及其他会产生有毒、有害烟尘和恶臭气体的物质。

⑤机动车都要安装减少尾气排放的装置，确保符合国家标准。

⑥工地茶炉应尽量采用电热水器。若只能使用烧煤茶炉和锅炉时，应选用消烟除尘型茶炉和锅炉，大灶应选用消烟节能回风炉灶，使烟尘降至允许排放范围为止。

⑦大城市市区的建设工程已不容许搅拌混凝土。在容许设置搅拌站的工地，应将搅拌站封闭严密，并在进料仓上方安装除尘装置，采用可靠措施控制工地粉尘污染。

⑧拆除旧建筑物时，应适当洒水，防止扬尘。

（二）水污染的防治

1. 水污染物主要来源

水污染物主要来源有以下三种。

①工业污染源，指各种工业废水向自然水体的排放。

②生活污染源，主要有食物废渣、食油、粪便、合成洗涤剂、杀虫剂、病原微生物等。

③农业污染源，主要有化肥、农药等。

2. 废水处理技术

废水处理的目的是把废水中所含的有害物质清理分离出来。废水处理可分为化学法、物理法、物理化学法及生物法。

①化学法是利用化学反应来分离、分解污染物，或使其转化为无害物质的处理方法。

②物理法是利用组织排水、自然渗透等物理方法清除有害物质。

③物理化学法主要有吸附法、反渗透法、电渗析法。

④生物法是利用微生物新陈代谢功能，将废水中呈溶解和肢体状态的有机污染物降解，并转化为无害物质，使水得到净化。

3. 施工过程水污染的防治措施

施工过程水污染的防治措施有以下几种。

①污水必须经沉淀池沉淀合格后再排放，最好将沉淀水用于工地洒水降尘或采取措施回收利用。

②现场存放油料，必须对库房地面进行防渗处理，如采用防渗混凝土地面、铺油毡等措施。使用时，要采取防止油料跑、冒、滴、漏的措施，以免污染水体。

③施工现场100人以上的临时食堂，污水排放时可设置简易有效的隔油池，定期清理，防止污染。

④工地临时厕所、化粪池应采取防渗漏措施。中心城市施工现场的临时厕所可采用水冲式厕所，并有防蝇、灭蛆措施，防止污染水体和环境。

⑤化学用品、外加剂等要妥善保管，库内存放，防止污染环境。

（三）噪声污染的防治

1. 噪声的分类与危害

噪声按照振动性质可分为气体动力噪声、机械噪声、电磁性噪声。

按噪声来源可分为交通（如汽车、火车、飞机等）噪声、工业（如鼓风机、汽轮机、冲压设备等）噪声、建筑施工的噪声（如打桩机、推土机、混凝土搅拌机等发出的声音）、社会生活（如高音喇叭、收音机等）噪声。

噪声是一类影响与危害非常广泛的环境污染问题。噪声可以干扰人的睡眠与工作，影响人的心理状态与情绪，造成人的听力损失，甚至引起许多疾病。此外噪声对人们的对话干扰也是相当大的。

2. 施工现场噪声的控制措施

噪声控制技术可从声源、传播途径、接收者防护、严格控制人为噪声等方面来考虑。

（1）声源控制

声源上降低噪声，这是防止噪声污染的最根本措施。尽量采用低噪声设备和工艺代替高噪声设备与加工工艺，如采用低噪声振捣器、风机电动空压机、电锯等。在声源处安装消声器消声，即在通风机、鼓风机、压缩机、燃气机、内燃机及各类排气放空装置等进出风管的适当位置设置消声器。

（2）传播途径的控制

利用吸声材料（大多由多孔材料制成）或由吸声结构形成的共振结构（金属或木质薄板钻孔制成的空腔体）吸收声能，降低噪声；应用隔声结构，阻碍噪声向空间传播，将接收者与噪声声源分隔。隔声结构包括隔声室、隔声罩、隔声屏障、隔声墙等。允许气流通过的消声降噪是防治空气动力性噪声的主要装置，如对空气压缩机、内燃机产生的噪声等。对来自振动引起的噪声，通过降低机械振动减小噪声，如将阻尼材料涂在振动源上，或改变振动源与其他刚性结构的连接方式等。

（3）接收者的防护

让处于噪声环境下的人员使用耳塞、耳罩等防护用品，减少相关人员在噪声环境中的暴露时间，以减轻噪声对人体的危害。

（4）严格控制人为噪声

进入施工现场不得高声喊叫、无故乱吹哨，限制高音喇叭的使用，最大程度地减少噪声扰民。凡在人口稠密区进行强噪声作业时，须严格控制作业时间，一般晚10点到次日早7点之间停止强噪声作业。确系特殊情况必须昼夜施工时，尽量采取降低噪声措施，并会同建设单位找当地居委会、村委会或当地居民协调，出安民告示，求得群众谅解。

根据国家相关标准的要求，在工程施工中，要特别注意不得超过国家标准的限值，尤其是夜间禁止打桩作业。

（四）固体废弃物的处理

1. 固体废弃物的概念

固体废弃物是生产、建设、日常生活和其他活动中产生的固态、半固态废弃物质。固体废弃物是一个极其复杂的废物体系。按照其化学组成可分为有机废弃物和无机废弃物；按照其对环境和人类健康的危害程度可以分为一般废弃物和危险废弃物。

2. 工程建设项目施工工地上常见的固体废弃物

工程建设项目施工工地上常见的固体废弃物有以下几种。

①渣土，包括砖瓦、碎石、混凝土碎块、废钢铁、碎玻璃、废屑、废弃装饰材料等。

②废弃的散装大宗建筑材料，包括水泥、石灰等。

③生活垃圾，包括炊厨废物、丢弃的食品、废纸、生活用具、玻璃、陶瓷碎片、废电池、废电日用品、废塑料制品、煤灰渣、废交通工具等。

④设备、材料等的包装材料。

⑤粪便。

3. 固体废弃物的处理和处置

固体废弃物处理的基本思想是采取资源化、减量化和无害化的处理，对固体废弃物产生的全过程进行控制。固体废弃物的主要处理方法如下。

（1）回收利用

回收利用是对固体废弃物进行资源化、减量化的重要手段之一。粉煤灰在工程建设领域的广泛应用就是对固体废弃物进行资源化利用的典型范例。又如发达国家炼钢原料中有70%是利用回收的废钢铁，因此钢材可以看成可再生利用的建筑材料。

（2）减量化处理

减量化是对已经产生的固体废弃物进行分选、破碎、压实浓缩、脱水等减少其最终处置量，降低处理成本，减少对环境的污染。在减量化处理的过程中，也包括和其他处理技术相关的工艺方法，如焚烧、热解、堆肥等。

（3）焚烧

焚烧用于不适合再利用且不宜直接予以填埋处置的废物，除有符合规定的装置外，不得在施工现场熔化沥青和焚烧油毡、油漆，亦不得焚烧其他可产生有毒有害和恶臭气体的废弃物。垃圾焚烧处理应使用符合环境要求的处理装置，避免对大气的二次污染。

（4）稳定和固化

利用水泥、沥青等胶结材料，将松散的废弃物胶结包裹起来，减少有害物质从废弃物中向外迁移、扩散，使得废弃物对环境的污染减少。

（5）填埋

填埋是将经过无害化、减量化处理的废弃物残渣集中到填埋场进行处置。禁止将有毒有害废弃物现场填埋，填埋场应利用天然或人工屏障。尽量使需处置的废弃物与环境隔离，并注意废弃物的稳定性和长期安全性。

（五）文明施工

文明施工是指保持施工现场良好的作业环境、卫生环境和工作秩序。因此，文明施工也是保护环境的一项重要措施。文明施工主要包括规范施工现场的场容，保持作业环境的整洁卫生；科学组织施工，使生产有序进行；减少施工对周围居民和环境的影响；遵守施工现场文明施工的规定和要求，保证职工的安全和身体健康。

文明施工可以适应现代化施工的客观要求，有利于员工的身心健康，有利于培养和提高施工队伍的整体素质，促进企业综合管理水平的提高，提高企业的知名度和市场竞争力。

施工现场必须设置明显的标牌，标明工程建设项目名称、建设单位、设计单位、施工单位名称，以及项目经理和施工现场总代表人的姓名，开、竣工日期，施工许可证批准文号等。施工单位负责施工现场标牌的保护工作。

施工现场的管理人员在施工现场应当佩戴证明其身份的证卡。

应当按照施工总平面布置图设置各项临时设施。现场堆放的大宗材料、成品、半成品和机具设备不得侵占场内道路及安全防护等设施。

施工现场的用电线路、用电设施的安装和使用必须符合安装规范和安全操作规程，并按照施工组织设计进行架设，严禁任意拉线接电。施工现场必须设有保证施工安全要求的夜间照明；危险潮湿场所的照明以及手持照明灯具，必须采用符合安全要求的电压。

施工机械应当按照施工总平面布置图规定的位置和线路设置，不得任意侵占场内道路。施工机械进场必须经过安全检查，经检查合格的方能使用。施工机械操作人员必须建立机组责任制，并依照有关规定持证上岗，禁止无证人员操作。

应保证施工现场道路畅通，排水系统处于良好的使用状态；保持场容场貌的整洁，随时清理建筑垃圾。在车辆、行人通行的地方施工，应当设置施工标志，并对沟井坎穴进行覆盖。

施工现场的各种安全设施和劳动保护器具，必须进行定期检查和维护，及时消除隐患，保证其安全有效。

施工现场应当设置各类必要的职工生活设施，并符合卫生、通风、照明等要求。职工的膳食、饮水供应等应当符合卫生要求。

应当做好施工现场安全保卫工作，采取必要的防盗措施，在现场周边设立围护设施。

施工现场发现文物、爆炸物、电缆、地下管线等应当停止施工，保护现场，及时向有关部门报告，并按规定处理。施工现场泥浆和污水未经处理不得排放，地面宜做硬化处理，有条件的现场可进行绿化布置。

第三节 工程建设项目环境管理体系的建设

一、环境管理体系的基本结构和模式

（一）环境管理体系的作用和意义

国际标准化组织从 1993 年 6 月正式成立环境管理技术委员会开始，就遵照其宗旨："通过制定和实施一套环境管理的国际标准，规范企业和社会团体等所有组织的环境表现，使之与社会经济发展相适应，改善生态环境质量减少人类各项活动所造成的环境污染，节约能源，促进经济的可持续发展。"经过三年的努力，到 1996 年推出了 ISO 14000 系列标准。同年，我国将其等同转换为国家标准 GB/T 24000 系列标准。其作用和意义如下。

①保护人类生存和发展的需要。

②国民经济可持续发展的需要。

③建立市场经济体制的需要。

④国内外贸易发展的需要。

⑤环境管理现代化的需要。

⑥协调各国管理性"指令"和控制文件的需要。

（二）《环境管理体系 要求及使用指南》的模式

环境管理体系的运行模式规定为环境管理体系提供了一套系统化的方法，指导其组织合理有效地推行其环境管理工作。该模式环境管理体系建立在一个由"策划、实施、检查、评审和改进"诸环节构成的动态循环过程的基础上。职业健康安全管理体系也完全按此模式建立。

二、环境管理体系的基本内容及其理解要点

（一）环境管理体系的基本内容

环境管理体系的基本内容由 5 个一级要素和 17 个二级要素构成，如表 6-1 所示。

表 6-1　环境管理体系的基本内容

一级要素	二级要素
（一）环境方针	1. 环境方针
（二）规划（策划）	2. 环境因素 3. 法律和其他要求 4. 目标和指标 5. 环境管理方案
（三）实施和运行	6. 组织机构和职责 7. 培训、意识和能力 8. 信息交流 9. 环境管理体系文件 10. 文件控制 11. 运行控制 12. 应急准备和响应
（四）检查和纠正措施	13. 监测和测量 14. 不符合、纠正与预防措施 15. 记录 16. 环境管理体系审核
（五）管理评审	17. 管理评审

（二）各要素的理解要点

1. 环境方针

环境方针理解要点有以下几点。

①制定环境方针是最高管理者的责任。

②环境方针的内容必须包括对遵守法律及其他要求、持续改进和污染预防的承诺，并作为制定与评审环境目标和指标的框架。

③环境方针应适合组织的规模、行业特点，要有个性。

④环境方针在管理上要求形成文件，便于员工理解和相关方获取。

2. 环境因素

环境因素理解要点有以下几点。

①识别和评价环境因素，以确定组织的环境因素和重要环境因素。

②识别环境因素时要考虑三种状态（正常、异常、紧急）、三种时态（过

去、现在、将来）、向大气排放、向水体排放、废弃物处理、土地污染、原材料和自然资源的利用、其他当地环境等问题。

③应及时更新环境方面的信息，以确保环境因素识别的充分性和重要环境因素评价的科学性。

3. 法律和其他要求

法律和其他要求理解要点有以下两点。

①组织应建立并保持程序以保证活动、产品或服务中环境因素遵守法律和其他要求。

②组织还应建立获得相关法律和其他要求的渠道，包括对变动信息的跟踪。

4. 目标和指标

目标和指标理解要点有以下几点。

①组织内部各管理层次、各有关部门和岗位在一定时期内均应有相应的目标与指标，并用文本表示。

②组织在建立和评审目标时，应考虑的因素主要有环境影响因素、遵守法律法规和其他要求的承诺、相关方要求等。

③目标和指标应与环境方针中的承诺相呼应。

5. 环境管理方案

环境管理方案理解要点有以下几点。

①组织应制订一个或多个环境管理方案，其作用是保证环境目标和指标的实现。

②方案的内容一般可以有组织的目标、指标的分解落实情况，使各相关层次与职能在环境管理方案中与其所承担的目标、指标相对应，并应规定实现目标、指标的职责、方法和时间表等。

③环境管理方案应随情况变化及时做相应修订。

6. 组织结构和职责

组织结构和职责理解要点有以下几点。

①环境管理体系的有效实施要靠组织的所有部门承担相关的环境职责。

②必须对每一层次的任务、职责、权限做出明确规定，形成文件并给予传达。

③最高管理者应指定管理者代表并明确其任务、职责、权限。

④管理者代表应做到对环境管理体系建立、实施、保持负责，并向最高

管理者报告环境管理体系运行情况。

⑤最高管理者应为环境管理体系的实施提供各种必要的资源。

7. 培训、意识和能力

培训、意识和能力理解要点有以下几点。

①组织应明确培训要求和需要特殊培训的工作岗位与人员。

②建立培训程序，明确培训应达到的效果。

③对可能产生重大影响的工作，要有教育、培训、工作经验、能力方面的要求，以保证他们能胜任所负担的工作。

8. 信息交流

信息交流理解要点有以下几点。

①组织应建立对内对外双向信息交流的程序，其功能是在组织的各层次和职能间交流有关环境因素和管理体系的信息，以及外部相关方信息的接收、成文、答复。

②特别注意涉及重要环境因素的外部信息的处理并记录其决定。

9. 环境管理体系文件

环境管理体系文件理解要点有以下几点。

①环境管理体系文件应充分描述环境管理体系的核心要素及其相互作用。

②应给出查询相关文件的途径，明确查找的方法，使相关人员易于获取有效版本。

10. 文件控制

文件控制理解要点有以下几点。

①组织应建立并保持有效的控制程序，保证所有文件的实施。

②环境管理文件应注明日期（包括发布和修订日期）、字迹要清楚、标志要明确，还应妥善保管并符合在规定期间予以保留等要求；组织应及时从发放和使用场所收回失效文件，防止误用。

③应建立并保持有关制定和修改各类文件的程序。

④环境管理体系重在运行和对环境因素的有效控制，应避免文件过于烦琐，以利于建立良好的控制系统。

11. 运行控制

运行控制理解要点有以下几点。

①运行控制是对组织环境管理体系实施控制的过程，其目的是实现组织

方针和目标指标；其对象是与环境因素有关的运行与活动；其手段是编制控制程序。

②组织的方针、目标和指标及重要环境因素有关的运行与活动，应在程序的控制下运行；当某些活动有关标准在第三层文件中已有具体规定时，程序可予以引用。

③对缺乏程序指导可能偏离方针、目标、指标的运行应建立运行控制程序，但并不要求，所有的活动和过程都应建立相应的运行控制程序。

④应识别组织使用的产品或服务中的重要环境因素，并建立和保持相应的文件程序，将有关程序与要求通报供方和承包方，以促使他们提供的产品或服务符合组织的要求。

12. 应急准备和向应

应急准备和向应理解要点有以下几点。

①组织应建立并保持一套程序，使之能有效确定潜在的事故或紧急情况，并在其发生前予以预防，减少可能伴随的环境影响；一旦紧急情况发生时做出响应，尽可能地减少由此造成的环境影响。

②组织应考虑可能会有的潜在事故和紧急情况（如组织在识别和评审重要环境因素时，就应包括这些方面的内容），采取预防和纠正的措施应针对潜在的和发生的原因。

③必要时特别是在事故或紧急情况发生后，应对程序予以评审和修订，确保其切实可行。

13. 监测和测量

监测和测量理解要点有以下几点。

①对环境管理体系进行例行监测和测量，既是对体系运行状况的监督手段，又是发现问题及时采取纠正措施，实施有效运行控制的首要环节。

②组织应建立文件程序，其对象是：对可能具有重大环境影响的运行与活动的关键特性进行监测和测量，保证监测活动按规定进行。

③监测的内容通常包括组织的环境绩效（如组织采取污染预防措施收到的效果，节省资源和能源的效果，对重大环境因素控制的结果等）、有关的运行控制（对运行加以控制，监测其执行程序及其运行结果是否偏离目标和指标）、目标、指标和环境管理方案的实现程度，为组织评价环境管理体系的有效性提供充分的客观依据。

④对监测活动，在程序中应明确规定如何进行例行监测、使用、维护、保管监测设备，如何记录和保管记录，如何参照标准进行评价，什么时候向

谁报告监测结果和发现的问题等。

③组织应建立评价程序，定期检查有关法律法规的持续遵循情况，以判断环境方针有关承诺的符合性。

14. 不符合、纠正与预防措施

不符合、纠正与预防措施理解要点有以下几点。

①组织应建立并保持文件程序，用来规定有关的职责和权限，对不符合的情况进行处理与调查，采取措施减少由此产生的影响，采取纠正与预防措施并予以完成。

②对于旨在消除已存在和潜在不符合所采取纠正或预防措施的，应分析原因并与该问题的严重性和伴随的环境影响相适应。

③对于纠正与预防措施所引起的对程序文件的任何更改，组织均应遵照实施并予以记录。

15. 记录

记录理解要点有以下几点。

①组织应建立对记录进行管理的程序，明确对环境管理的标识、保存、处置的要求。

②程序应规定记录的内容；对记录本身的质量要求是字迹清楚、标识清楚、可追溯。

16. 环境管理体系审核

环境管理体系审核理解要点有以下几点。

①本条款所讲的审核是指环境管理内部审核。

②组织应制定、保持定期开展环境管理体系内部审核的程序、方案。

③审核程序和方案的目的是判定其是否满足符合性（即环境管理体系是否符合对环境管理工作的预定安排和规范要求）和有效性（即环境管理体系是否得到正确实施和保持），向管理者报告管理结果。

④对审核方案的编制依据和内容要求，应立足于所涉及活动的环境的重要性和以前审核的结果。

⑤审核的具体内容，应规定审核的范围、频次、方法，对审核组的要求，对审核报告的要求等。

17. 管理评审

管理评审理解要点有以下几点。

①管理评审是组织最高管理者的职责。

②应按规定的时间间隔进行，评审过程要记录，结果要形成文件。

③评审的对象是环境管理体系，目的是保证环境管理体系的持续适用性、充分性有效性。

第七章　工程建设项目的合同管理

随着我国建筑业和建筑市场的发展，建设工程合同作为项目建设过程中协调各方关系的纽带，作为工程项目管理的核心内容和市场经济条件下配置项目资源的重要手段，越来越引起项目各参建单位的重视。本章系统阐述了工程建设项目的合同管理概述、工程建设项目的合同管理体系、工程建设项目合同的索赔以及国际建设合同管理等内容。

第一节　建设工程合同概述

一、建设工程合同的基本概念

建设工程合同是指发包人支付价款、承包人进行工程建设的书面协议。经济合同是商品经济的产物，是法人之间为实现一定的经济目的，明确相互权利义务关系的协议。订立经济合同，必须遵守国家有关法律，必须符合国家政策和计划的要求；必须贯彻"平等互利、协商一致、等价有偿"的原则。经济合同依法成立，即具有法律约束力，当事人必须全面履行合同规定的义务，任何一方不得擅自变更或解除合同。

建设工程合同是一类经济合同，是明确承发包双方为实现某项建设任务而进行合作所签订的协议。合同一经签订，对双方都具有一定的法律约束力。

二、建设工程合同的特点

（一）合同形式的特殊要求

我国《合同法》对合同形式确立了以不要式为主的原则，即在一般情况下对合同形式采用书面形式还是口头形式没有限制。但是，考虑到建设工程的重要性和复杂性，在建设过程中经常会发生影响合同履行的纠纷，因此，《合同法》要求建设工程合同应当采用书面形式，即采用要是合同。

（二）合同履行期限的长期性

建设工程结构复杂、体积大、建筑材料类型多、工作量大，使得合同履行期限都较长。建设工程合同的订立和履行一般都需要较长的准备期。

（三）合同标的的特殊性

建设工程合同的标的是各类建筑产品，建筑产品的单件性特点决定了每个建设工程合同的标的都是特殊的，相互间具有不可代替性。

（四）合同主体的严格性

建设工程合同主体一般是法人。发包人一般是经过批准进行工程项目建设的法人，其必须有国家批准建设的项目，落实的投资计划，并且应当具备相应的协调能力。承包人必须具备法人资格，应当具备相应的从事勘察设计、施工、监理等资质。无营业执照或无承包资质的单位不能成为建设工程合同的主体，资质等级低的单位也不能越级承包建设工程。

（五）合同计划和订立程序的严格性

国家对建设工程的计划和程序都有严格的管理制度。订立建设工程合同必须以国家批准的投资计划为前提，并经过严格的审批程序。建设工程合同的订立和履行还必须符合国家关于工程建设程序的规定。

三、建设工程合同的类型

（一）按承发包范围划分

①建设工程设计施工总承包合同。发包人将工程建设的勘察、设计、施工等任务发包给一个承包人的合同即为建设工程设计施工总承包合同。

②建设工程施工承包合同。发包人将全部或部分施工任务发包给一个承包人的合同即为建设工程施工承包合同。

③建设工程施工分包合同。承包人经发包人认可，将承包的工程中部分施工任务交与其他人完成而订立的合同即为建设工程施工分包合同。

（二）按签约主体划分

①建设工程勘察合同。②建设工程设计合同。③建设工程施工合同。④建设工程监理合同。⑤材料设备采购供应合同。

（三）按计价方式划分

按计价方式，业主即建设单位签订的经济合同可以划分为三大类型，即总价合同、单价合同、成本加酬金合同，如表 7-1 所示。

表 7-1　不同计价方式合同类型的比较

合同类型	总价合同	单价合同	成本加酬金合同			
			百分比酬金	固定酬金	浮动酬金	目标成本加奖罚
应用范围	广泛	广泛	有局限性			酌情
业主对投资控制	易	较易	最难	难	不易	有可能
承包商风险	风险大	风险小	基本无风险		风险不大	有风险

第二节　工程建设项目的合同管理体系

一、工程建设项目合同管理体系的组成

（一）物资采购合同

物资采购供应工作是土木工程项目建设的重要组成部分，签订一个好的物资采购合同并保证它能如期顺利履行，对土木工程项目建设的成败和经济效益有着直接的重大影响。土木工程项目建设过程中所需物资包括建筑材料和设备两大类。做好物资采购合同的管理工作是一项既要有工程技术、经济管理经验，又要有商务知识的工作。

土木工程物资采购合同，是指具有平等主体的自然人、法人、其他组织之间为实现土木工程物资买卖，设立、变更、终止相互权利义务关系的协议。依据协议，出卖人转移土木工程物资的所有权于买受人，买受人接受该项土木工程物资并支付价款。土木工程项目建设阶段需要采购的物资种类繁多，合同形式各异，但根据合同标的物供应方式的不同，可将涉及的各种合同大致划分为物资设备采购合同和大型设备采购合同两大类。物资设备采购合同，是指采购方（业主或承包人）与供货方（供货商或生产厂家）就供应工程建设所需的建筑材料和市场上可直接购买定型生产的中小型通用设备所签订的合同；而大型设备采购合同则是指采购方（通常为业主，也可能是承包人）与供货方（大多为生产厂家，也可能是供货商）为提供工程项目所需的大型复杂设备而签订的合同。大型设备采购合同的标的物可能是非标准产品，需要专门加工制作，也可能是虽为标准产品，但技术复杂而市场需求量较小，一般没有现货供应，待双方签订合同后由供货方专门进行加工制作的产品。

（二）工程监理合同

建筑法明确规定实行监理的建筑工程，由建设单位委托具有相应资质条

件的工程监理单位监理。建设单位与其委托的工程监理单位应当订立书面委托监理合同。委托监理合同确定了监理服务内容、服务期限、工程类别、规模、技术复杂程度、工程环境等因素，同时也确定了监理合同双方的权利与义务，是监理人开展监理工作，获取监理报酬的依据；也是监理委托人接受与衡量监理服务，支付监理费用的依据。业主和监理的关系是通过委托监理合同来建立和维系的。项目监理机构的组织形式和规模，也是根据委托监理合同规定确定的。

1. 监理合同的构成

建设监理合同可以有广义和狭义之分。狭义的合同是指合同文本，即合同协议书、合同标准条件、合同专用条件；广义的合同是指包括合同文本、中标人的监理投标书、中标通知书以及合同实施过程中双方签署的合同补充或修改文件等关系双方权利义务的承诺和约定。一个监理合同由哪些部分构成由当事人在合同协议书中约定。监理合同文件一般由监理投标书及中标通知书、建设工程委托监理合同协议书、合同标准条件、合同专用条件以及在实施过程中双方共同签署的合同补充与修正文件五部分组成。

2. 监理合同的履行

监理规范规定监理实行总监理工程师负责制，因此委托监理合同的履行是由监理单位法定代表人书面授权的总监理工程师全面负责的。

由于监理的对象是建设工程项目，不同阶段的监理合同履行是和该阶段的建设工作相适应的。只要该阶段建设任务没有完成，监理的合同就得继续，当然所涉及的监理额外工作、附加工作的补偿应在合同中明确，或通过对合同的补充或修改来确定。

（三）建设工程施工合同

建设工程施工合同是发包人（建设单位、业主或总包单位）与承包人（施工单位）之间为完成商定的建设工程项目，确定双方权利和义务的协议。建设工程施工合同也称为建筑安装承包合同。建筑是指对工程进行营造的行为，安装主要是指与工程有关的线路、管道、设备等设施的装配。依照施工合同，承包人应完成一定的建筑、安装工程任务，发包人应提供必要的施工条件并支付工程价款。

建设工程施工合同是建设工程的主要合同，是工程建设质量控制、进度控制、投资控制的主要依据。在市场经济条件下，建设市场主体之间相互的权利义务关系主要是通过合同确立的，因此，在建设领域加强对工程合同的管理具有十分重要的意义。国家立法机关、国务院、国家建设行政管理部门都十分重视工程合同的规范工作，1999 年 3 月 15 日九届全国人大第二次会议通过、1999 年 10 月 1 日生效实施的《合同法》对建设工程施工合同做了专章规定，《建筑法》《招标投标法》《建设工程施工合同管理办法》等也有许多涉及建设工程施工合同的规定，这些法律法规是我国建设工程施工合同订立和管理的依据。

工程合同的当事人是发包人和承包人，双方是平等的民事主体，双方签订工程合同，必须具备相应资质条件和履行工程合同的能力。在工程合同实施过程中，工程师受发包人委托对工程进行管理。工程合同中的工程师是指本工程监理单位委派的总监理工程师或发包人指定的履行本合同的代表，其具体身份和职权由发包人和承包人在专用条款中约定。

工程合同的订立同样包括要约和承诺两个阶段。其订立方式有直接发包和招标发包两种。对于必须进行招标的建设项目，工程建设的施工都应通过招标投标确定承包人。中标通知书发出后，中标人应当与招标人及时签订合同。《招标投标法》规定：招标人和中标人应当自中标通知书发出之日起三十日内，按照招标文件和中标人的投标文件订立书面合同。招标人和中标人不得再行订立背离合同实质性内容的其他协议。

（四）工程勘察设计合同

工程勘察设计合同是委托方与承包方为完成一定的勘察设计任务，明确相互权利和义务关系的协议。

1. 勘察设计合同的分类

勘察设计合同按委托的内容（即合同标的）及计价方式的不同分为不同的合同类型。我国建设部和国家工商行政管理局在 2000 年颁布了勘察合同的示范文本和设计合同的示范文本。这两种合同又有针对一般建设项目和专业工程项目的两种范本之分。

（1）按委托的内容分类

①勘察设计总承包合同。这是由具有相应资质的承包人与发包人签订的包含勘察和设计两部分内容的承包合同。其中承包人可以是：具有勘察设计双重资质的勘察设计单位；拥有勘察资质勘察单位和拥有设计资质的设计单位组成的联合；设计单位做总承包并承担其中的设计任务，而勘察单位做勘察分包商。勘察设计总承包合同可以有效减轻发包人的协调工作，尤其是减少了勘察与设计之间的责任推诿和扯皮。

②勘察合同。这是发包人与具有相应勘察资质的勘察人签订的委托勘察

合同。

③设计合同。这是发包人与具有相应设计资质的设计人签订的委托设计合同。

（2）按计价方式分类

①按工程造价的比例收费合同。

②总价合同。总价合同可以采用预算包干的方式，一次包死，不再调整；也可以采用中标价加签证的方式，当工作量发生较大的变化时，合同价也做相应的调整，尤其是勘察合同，这种计价方式还是用得比较多的。

③单价合同，即按实际完成工作量结算的合同。

2. 勘察设计合同签订的程序

依法必须进行招标的建设工程的勘察设计任务通过招标或设计方案的竞投确定勘察、设计单位后，应遵循工程项目建设程序，签订勘察、设计合同。由发包人提出，经双方协商同意，即可签订勘察设计合同。

（1）确定合同标的

合同标的是合同的中心。这里所谓的确定合同标的主要是决定勘察设计分开发包还是合在一起发包。

（2）选定勘察设计承包人

依法必须招标的项目，按招标投标程序优选出的中标人即为勘察设计的承包人。小型项目及依法可以不招标的项目由发包人直接选定勘察设计的承包人。

（3）商签勘察设计合同

如果是通过招标方式确定承包商的，则由于合同的主要条件都在招标、投标文件中得到确认，所以进入签约阶段还需要协商的内容就不会很多。而通过直接委托方式委托的勘察设计，其合同的谈判就要涉及几乎所有的合同条款，必须认真对待。

经勘察、设计合同的当事人双方友好协商，就合同的各项条款取得一致意见，且双方法定代表人或其代理人在合同文本上签字，并加盖公章后，合同生效。

二、工程建设项目合同管理体系的协调

在我国，目前的各种大工程越来越多，业主为了成功地实现工程目标，必须签订许多主合同；承包商为了完成其承包责任也必须订立许多分合同。这些合同从宏观上构成项目的合同体系，从微观上每个合同都定义并安排了

一些工程活动，共同构成项目的实施过程。

在这个合同体系中，相关的同级合同之间，以及主合同和分合同之间存在着复杂的关系，在国外人们又把这个合同体系称为合同网络。在工程项目中这个合同网络的建立和协调是十分重要的，要保证项目的顺利实施，就必须对此做出周密的计划和安排。在实际工作中由于这几方面的不协调而造成的工程失误是很多的。合同之间关系的安排及协调通常包含以下几方面的内容。

（一）价格上的协调

一般在总承包合同估价前，就应向各分包商（供应商）询价，或进行洽谈，在分包报价的基础上考虑到管理费等因素，分包报价水平常常又直接影响总包报价水平和竞争力。

①对大的分包（或供应）工程如果时间来得及，也应进行招标，通过竞争降低价格。

②作为总承包商，周围最好要有一批长期合作的分包商和供应商作为忠实的伙伴。这样做具有战略意义，可以确定一些合作原则和价格水准，可保证分包价格的稳定性。

③对承包商来说，由于与业主的合同先订，而与分包商和供应商的合同后订，一般在订承包合同前先向承包商和供应商询价；待承包合同签订后，再签订分包合同和供应合同。要防止在询价时分包商报低价，而等承包商中标后又报高价，特别是询价时对合同条件未来得及细谈，分包商有时找些理由提高价格，一般可先订分包意向书，既要确定价格又要留有活口，防止总合同不能签订。

（二）技术上的协调

通常技术上的协调包括很复杂的内容，一般有以下几方面。

①几个主合同之间设计标准的一致性，如土建、设备、材料、安装等应有统一的质量、技术标准和要求。各专业工程之间，如建筑、结构、水、电、通信之间应有很好的协调。在建设项目中建筑师常常作为技术协调的中心。

②分包合同必须按照总承包合同的条件订立，全面反映总合同的相关内容。采购合同的技术要求必须符合承包合同中的技术规范。总承包合同风险要反映在分包合同中，由相关的分包商承担。为了保证总承包合同的圆满完成，分包合同一般比总承包合同条款更为严格、周密和具体，对分包单位提出更为严格的要求，所以对分包商的风险更大。

③各合同所定义的专业工程之间应有明确的界面与合理的搭接。如设备

供应合同与运输合同，土建合同和安装合同，安装合同和设备供应合同之间存在责任界面和搭接。界面上的工作容易遗漏，产生争执。各合同只有在技术上协调，才能共同构成符合总目标的工程技术系统。

（三）时间上的协调

由各个合同所确定的工程合同不仅要与项目计划（或总合同）的时间要求一致，而且它们之间时间上要协调，即各种工程合同形成一个有序的、有计划的实施过程。例如，设计图纸供应与施工，设备、材料供应与运输，土建和安装施工，工程交付和运行等之间应合理搭配。

每一个合同都定义了许多工程活动，形成各自的子网络。它们又共同形成一个项目的总网络，稍有不慎，就会产生在时间上的不协调。常见的设计图纸拖延、材料设备供应脱节等都是这种不协调的表现。如某工程，主楼基础工程施工尚未开始，而供热的锅炉设备已提前到货，要在现场停放两年才能安装，这不仅占用大量资金，占用现场场地，增加保管费，而且超过设备的保修期。由此可见，签订各份合同要有统一的时间安排。要解决这种协调的一个比较简单的方法是在一张横道图或网络图上标出相关合同所定义的里程碑事件和它们的逻辑关系。这样便于计划、协调和控制。

（四）合同管理的组织协调

在实际工程中，由于工程合同体系中的各个合同并不是同时签订的，执行时间也不一致，而且常常也不是由同一部门管理的，所以它们的协调更为重要。这个协调不仅在签约阶段，而且在工程施工阶段都要重视；不仅是合同内容的协调，而且是职能部门管理过程的协调。例如，承包商对一份供应合同，必须在总承包合同技术文件分析后提出供应的数量和质量要求，向供应商询价，或签订意向书；供应时间按总合同施工计划确定；付款方式和时间应与财务人员商量；供应合同签订前后，应就运输等合同做出安排，并报财务备案，以做资金计划或划拨款项；施工现场应就材料的进场和储存做出安排。这样形成一个有序的管理过程。如果合同中各个体系安排得比较好，这对整个项目的实施是有利的，业主可以更好地进行项目管理，承包商也易于完成工作，从而实现业主的总目标。

（五）工程和工作内容的完整性

业主的所有合同确定的工程或工作范围应能涵盖项目的所有工作，即只要完成各个合同，就可实现项目的总目标；承包商的各个分包合同与拟由自己完成的工程（或工作）应能涵盖总承包责任。在工作内容上不应有缺陷或遗漏。在实际工程中这种缺陷会带来设计的修改、新的附加工程、计划的修改、施工现场的停工，导致双方的争执。为避免这种现象业主应做好如下几方面的工作。

①在招标前认真地进行总项目的系统分析，确定总项目的系统范围。

②系统地进行项目的结构分解，在详细项目结构分解的基础上列出合同的工程量表。实质上，将整个项目任务分解成几个独立的合同，每个合同中有完整的工程量表，这都是项目结构分解的结果。

③进行项目任务（各个合同或各个承包单位，或项目单元）之间的界面分析。确定各个界面上的工作责任、成本、工期、质量的定义。工程实践证明，许多遗漏和缺陷常常都发生在界面上。

第三节　工程建设项目合同的索赔

一、索赔的起因

工程项目索赔通常是指在工程合同履行过程中，合同当事人一方因非自身因素或对方不履行或未能履行合同而受到经济损失或权利损害时，通过一定的合法程序向对方提出经济或时间补偿要求。索赔是一种正当的权利要求，它是业主方、监理工程师和承包方之间一项正常的、大量发生而且普遍存在的合同管理业务，是一种以法律和合同为依据的、合理的行为。

在工程建设的各个阶段，都有可能发生索赔，但施工阶段索赔发生较多。在实际工程中，对承包商而言，索赔的范围更为广泛。一般只要不是承包商自身的责任造成的工期延长和成本增加，都可以通过合法的途径与方式提出索赔要求。

引起工程项目索赔的原因非常多而且复杂，主要有以下几个方面。

（一）工程合同的复杂性

建设工程合同文件多而且复杂，经常会出现缺陷以及合同前后自相矛盾等问题，容易造成合同双方对合同文件理解不一致，从而出现索赔。

（二）参与工程建设主体的多元化

由于工程参与单位多，一个工程项目往往会有业主、总承包商、监理单位、分包商以及材料设备供应商等众多参与单位，各方面的技术和经济关系非常复杂，相互联系并且相互影响，只要一方有失误，不仅会造成自己的损失，而且会影响其他合作者，造成他人损失，从而导致索赔和争执。

（三）工程项目的特殊性

一般的工程规模都很大，要求的技术性强而且投资额大，并需要很长的工期，这使得工程项目在实施过程中存在许多不确定的变化因素，而合同则必须在工程开始前签订，它不可能对工程项目所有的问题都能做出合理的预见和规定，而且业主在实施过程中还会有许多新的决策，这一切使得合同变更极为频繁，而合同变更必然导致项目工期和成本的变化。

（四）工程项目所处环境的复杂性

工程项目的技术环境、经济环境、社会环境以及法律环境的变化，会在工程实施过程中经常发生，使得工程计划实施过程与实际情况不一致，这些因素同样会导致工程工期和费用的变化。

二、索赔的意义

（一）索赔是合同管理的重要环节

索赔和合同管理有直接的联系，工程合同是索赔的直接依据。整个索赔处理的过程就是执行合同的过程，从项目开工后，合同人员就必须将每日的实施合同的情况与原合同分析，若出现索赔事件，就应当考虑是否提出索赔。索赔的依据在于日常合同管理的证据，要想索赔就必须加强合同管理。

（二）索赔有利于建设单位、施工单位双方自身素质和管理水平的提高

工程建设索赔直接关系到建设单位和施工单位的双方利益，索赔和处理索赔的过程实质上是双方管理水平的综合体现。对建设单位来说为使工程顺利进行，如期完成，早日投产取得收益，就必须加强自身管理，做好资金、技术等各项有关工作，保证工程中各项问题及时解决；对施工单位来说要实现合同目标，取得索赔，争取自己应得利益，就必须加强各项基础管理工作，对工程的质量、进度、变更等进行更严格、更细致的管理，进而推动建筑行业管理的加强与提高。

（三）索赔是合同双方利益的体现

从某种意义上讲，索赔是一种风险费用的转移或再分配，如果施工单位利用索赔的方法使自己的损失尽可能得到补偿，就会降低工程报价中的风险费用，从而使建设单位得到相对较低的报价，当工程施工中发生这种费用时可以按实际支出给予补偿也使工程造价更趋于合理。作为施工单位，要取得索赔，保证自己应得的利益，就必须做到自己不违约，全力保证工程质量和

进度，实现合同目标。同样，作为建设单位要通过索赔的处理和解决，保证工程质量和进度，实现合同目标，并可通过索赔的处理和解决，保证工程顺利进行，使建设项目按期完工，早日投产取得经济收益。

（四）索赔是挽回成本损失的重要手段

在合同实施过程中，由于建设项目的主客观条件发生了与原合同不一致的情况，使施工单位的实际工程成本增加，施工单位为了挽回损失，通过索赔加以解决，显然索赔是以赔偿实际损失为原则的，施工单位必须准确地提供整个工程成本的分析和管理，以便确定挽回损失的数量。

（五）索赔有利于国内工程建设管理与国际惯例接轨

索赔是国际工程建设中非常普遍的做法，尽快学习、掌握运用国际上工程建设管理的通行做法，不仅有利于我国企业工程建设管理水平的提高，而且对我国企业顺利参与国际工程承包、国外工程建设都有着重要的意义。

三、索赔计算

索赔值的计算是十分复杂的，需要进行一系列干扰事件影响的分析以及工期计算和费用计算。在索赔内容的计算中，都可以归纳为费用索赔计算和工期索赔计算。

（一）费用索赔

费用索赔是指承包商在非自身因素影响下而遭受经济损失时向业主提出补偿其额外费用损失的要求。因此费用索赔应是承包商根据合同条款的有关规定，向业主索取的合同价款以外的费用。索赔费用不应被视为承包商的意外收入，也不应被视为业主的不必要的开支。实际上，索赔费用的存在是由于建立合同时还无法确定的某些应由业主承担的风险因素导致的结果。承包商的投标价中一般不考虑应由业主承担的风险对报价的影响，因此一旦这类风险发生并影响承包商的工程成本时，承包商提出费用索赔是合情合理的行为，是一种正常现象。

1. 费用索赔的费用构成

承包商可索赔的费用一般可包括以下几方面：人工费、设备费、材料费、保函手续费、贷款利息、保险费、利润和管理费等方面。

2. 常见的费用索赔内容

①不利的自然条件及人为障碍，如地质条件变化（发包方提供的资料不

准确）以及地下埋藏物的出现（发包方提供的图纸未标示）。在合同价格上增加额外的费用，一般不包括利润。

②工程变更引起增减合同原定的工程量，取消或增加项目，更改某个项目性质或种类，改变质量标准，更改标高、位置、尺寸等，实施必要的附加工作，改变施工顺序或时间。应在合同价上增加相应的所需费用，一般包括利润。

③非承包方原因工期延长或工程延误引起的费用增加或经济损失。由于业主延误（提供图纸、场地、资料不准确，指令暂停、拖延支付）及其他非承包方原因延长工期引起的费用增加。这类引发的费用索赔通常要计入延误引起的人、机闲置费及管理费，不计入利润。

④发包方提供数据错误引起放线错误等，分以下两种情况。

第一种，如工程已实施，需按工程师要求补救、整改时计入增加的额外费用，计入利润。

第二种，若停工造成损失，只计入停工损失（窝工、闲置等），不计入利润。

⑤发现地下文物等，若交承包方执行处理，三方（业主、承包方、文物管理部门）协商费用，可计利润。若不交承包方执行处理，补偿窝工损失，不计利润。延期造成的管理费计入利润。

⑥非承包方原因的工程中断，如业主或工程师的过失造成或意外风险所致。中断要以工程师指令为依据，只计算中断期间实际发生的费用，不计利润。

⑦为其他承包商提供服务，如提供临时工程、设备；承包商负责维修、保养道路，提供各方使用；提供的服务应当是工程师要求的，计费时可计入利润。

⑧工程师指令进行合同外的检验，如重新检验，合格，全部费用由发包方补偿，只计实际发生的费用，不计利润；不合格，则承包方承担，不予补偿。

（二）工期索赔

工期索赔的原因很多，主要有：因业主及工程师原因引起的延误，如业主拖延交付合格的施工现场或业主拖延交付图纸等引起的工期延误；因承包商原因引起的延误，如施工组织不当出现窝工停工现象或质量不符合合同要求而造成的返工等引起的工期延误；不可抗力因素导致的延误。例如，人力不可抗拒的自然灾害导致的延误或特殊风险。又如，某土方工程施工中，发现地下有一现场勘察中未曾发现的供水管道，于是采取将该管道改线的方法，导致工程量增加，工期延长，为此承包商提出 8 个月的工期索赔。

1. 工期索赔的分析

（1）分析的依据

工期索赔的分析依据主要有：合同规定的总工期计划；合同签订后由承包商提交的并经过工程师同意的详细的进度计划；合同双方共同认可的工期的修改文件，如认可信、会谈纪要、来往信件等；业主、工程师和承包商共同商定的月进度计划及其调整计划；受干扰后的实际工程进度，如施工日记、工程进度表、进度报告等。

承包商在每个月底以及在干扰事件发生时都应分析对比上述资料，以发现工期拖延以及拖延原因，提出有说服力的索赔要求。

（2）分析的基本思路

干扰事件对工期的影响，即工期索赔可通过原网络计划与可能状态的网络计划对比得到，而分析的重点是两种状态的关键线路。

这种考虑干扰后的网络计划又作为新的实施计划，如果有新的干扰事件发生，则在此基础上可进行新一轮分析，提出新的工期索赔。这样在工程实施过程中进度计划是动态的，不断地被调整。而干扰事件引起的工期索赔也可以随之同步进行。

（3）分析的步骤

从上述讨论可见，工期索赔的分析有两个主要步骤。

①确定干扰事件对工程活动的影响。即由于干扰事件发生，使与之相关的工程活动产生变化。

②由于工程活动的变化，对总工期产生影响。这可以通过新的网络分析得到，总工期所受到的影响即为干扰事件的工期索赔。

（4）干扰事件对工程活动的影响分析

在进行网络分析前必须确定干扰事件对工程活动的影响。这是很复杂的，因为实际情况千变万化，干扰事件千奇百怪，需要具体情况具体分析。

2. 工期索赔的计算

工期索赔的计算主要有网络分析法和比例分析法两种。

①网络分析法。网络分析是一种科学、合理的计算方法，它是通过分析干扰事件发生前、后网络计划之差异而计算工期索赔的，通常可适用于各种干扰事件引起的工期索赔。但对于大型、复杂的工程，手工计算比较困难，需借助计算机来完成。

②比例分析法。前述的网络分析方法是最科学的，也是最合理的。但它需要的条件是，必须有计算机的网络分析程序，否则分析极为困难，甚至不

可能。因为稍微复杂的工程，网络活动可能有几百个，甚至几千个。人工分析和计算几乎是不可能的。

在实际工程中，干扰事件常常仅影响某些单项工程、单位工程，或分部分项工程的工期，要分析它们对总工期的影响，可以采用更为简单的比例分析方法。

四、索赔争议的管理

合同争执通常具体表现在：当合同当事人双方对合同规定的义务和权利理解不一致，最终导致对合同的履行或不履行的后果和责任的分担产生争执。如对合同索赔要求存在重大分歧，双方不能达成一致；业主否定工程变更，拒绝承包商额外支付要求。或者是双方对合同的有效性发生争执。合同争执和索赔基本上是同时产生的，合同争执最常见的形式是索赔处理争执；索赔的解决程序直接连接着合同争执的解决程序；在工程合同中，如果不设计赔偿问题，则任何争执就没有意义了。在我国，合同争议解决的方式主要有和解、调解、仲裁和诉讼四种。

《合同法》第一百二十八条规定：当事人可以通过和解或者调解解决合同争议。当事人不愿和解、调解或者和解、调解不成的，可以根据仲裁协议向仲裁机构申请仲裁。涉外合同的当事人可以根据仲裁协议向中国仲裁机构或者其他仲裁机构申请仲裁。当事人没有订立仲裁协议或者仲裁协议无效的，可以向人民法院起诉。当事人应当履行发生法律效力的判决、仲裁裁决、调解书；拒不履行的，对方可以请求人民法院执行。

（一）和解

和解是指在合同发生争议后，合同当事人在自愿互谅基础上，依照法律、法规的规定和合同的约定，自行协商解决合同争议。和解是解决合同争议最常见的一种最简便、最有效、最经济的方法。所以，发生合同争议后，应当提倡双方当事人进行广泛的、深入的协商，争取通过和解解决争议。

（二）调解

调解是指在合同发生争议后，在第三方的参加与主持下，通过查明事实，分清是非，说服劝导，向争议的双方当事人提出解决方案，促使双方在互谅互让的基础上自愿达成协议从而解决争议的活动。

（三）仲裁

当争执双方不能通过协商和调解达成一致时，可按合同仲裁条款的规定采用仲裁方式解决。仲裁作为正规的法律程序，其结果对双方都有约束力。在仲裁中可以对工程师所做的所有指令、决定、签发的证书等进行重新审议。

在我国，按照《中华人民共和国仲裁法》，仲裁是仲裁委员会对合同争执所进行的裁决。仲裁委员会在省和直辖市、自治区人民政府所在地的市设立，也可在其他设区的市设立，由相应的人民政府组织有关部门和商会统一组建。仲裁委员会是中国仲裁协会会员。

在我国，仲裁实行一裁终局制度。裁决做出后，当事人就同一争执再申请仲裁，或向人民法院起诉，则不再予以受理。申请和受理仲裁的前提是，当事人之间要有仲裁协议。它可以是在合同中订立的仲裁条款，也可以是以其他形式在争执发生前后达成的请求仲裁的书面协议。

（四）诉讼

诉讼是指合同当事人按照民事诉讼程序向法院对一定的人提出权益主张并要求法院予以解决和保护的请求。

诉讼有三个基本特征。

第一，提出诉讼请求的一方，是自己的权益受到侵犯和他人发生争议，任何一方当事人都有权起诉，而无须征得对方当事人的同意。

第二，当事人向法院提起诉讼，适用民事诉讼程序，诉讼应当遵循地域管辖、级别管辖和专属管辖的原则。在不违反级别管辖和专属管辖的原则的前提下，可以依法选择管辖法院。

第三，请求的目的是使法院通过审判，保护受到侵犯和发生争议的权益。

第四节　国际建设项目合同管理

一、国际工程合同的概念和特点

（一）国际工程合同的概念

国际工程合同是指不同国家的有关法人之间为了实现在某个工程项目中的特定目的而签订的确定相互权利和义务的协议。

（二）国际工程合同的特点

由于国际工程是跨国的经济活动，因而国际工程合同远比一般国内的合同复杂。国际工程合同具有如下特点。

1. 合同文件内容全面

国际工程合同文件包括合同协议书、中标函、投标书、合同条件、技术规范、图纸、资料表等多个文件。编制合同文件时，各部分的论述都应力求详尽具体，这样在实施中就可以减少矛盾和争论。

2. 具有完善的合同范本

国际工程咨询和承包在国际上已有上百年历史，经过不断地总结经验，在国际上已经有了一批比较完善的合同范本，这些范本还在不断地修订和完善，可供我们学习和借鉴。

3. 合同管理是核心

国际工程合同从前期准备（指编制招标文件）、招投标、谈判、修改、签订到实施，都是国际工程中十分重要的环节，合同有关任何一方都不能粗心大意。只有订立一个好的合同才能保证项目的顺利实施，很多项目就是因为合同没有订好而失败的。合同订没订好并不是对某一方来说的，如果合同的订立偏向于业主，必然影响承包商的利益，严重的会导致承包商亏损倒闭，最终损害业主的利益。所以订立好的合同必须是以利益均衡为基础的。

4. 合同管理各具特点

项目本身就是不重复的、一次性的活动，国际工程项目由于处于不同的国家和地区，具有不同的工程类型、不同的资金条件、不同的合同模式、不同的业主和咨询工程师、不同的承包商和供应商，每个项目与其他项目都是不相同的，每个项目的合同管理也就各具特点。研究国际工程合同管理时，既要研究各国际工程的共性，更要认真研究其特性。

5. 合同制定时间长，实施时间更长

一个合同实施期短则 1 ~ 2 年，长则 20 ~ 30 年（如 BOT 项目），因而合同中的任一方都必须十分重视合同的订立和实施，依靠合同来保护自己的权益。

6. 合同是综合性的商务活动

实施一个国际工程除主合同外，还可能需要签订多个合同，如融资贷款合同、各类货物采购合同、分包合同、劳务合同、联营体合同、技术转让合同、设备租赁合同等，其他合同均是围绕主合同，为主合同服务的，但每一个合同的订立和管理都会影响主合同的实施。

由此可见，合同的制定和管理是搞好国际工程项目的关键。工程项目管理包括进度管理、质量管理与造价管理，而这些管理均是以合同规定和合同管理的要求为依据的。

二、国际工程合同文件简介

（一）AIA 合同文件

始创于 1857 年的美国建筑师学会（The American Institute of Architects, AIA）是美国主要的建筑师专业社团。该机构致力于提高建筑师的专业水平，促进其事业的成功，并通过改善居住环境提高大众的生活标准。AIA 的成员主要来自美国及全世界其他国家的注册建筑师，2005 年成员总数达到 75000名。AIA 出版的系列合同文件在美国建筑业界及国际工程承包界，特别是在美洲地区具有较高的权威性。

AIA 的一个重要成就是制定并发布了一系列的标准化合同文件。AIA 合同文件是为适应美国建筑业的需要最早出版于 1888 年。当时该文件仅仅是一份业主和承包商之间的协议书，称为《规范性合同》（*Uniform Contract*）。1911 年，AIA 首次出版了《建筑施工一般条件》（*General Conditions for Construction*）。经过多年的发展，AIA 形成了一个包括 80 多个独立文件在内的复杂体系。

作为在美国应用最为广泛的合同文件之一，AIA 合同文件有很多独到之处。AIA 合同文件力图采取中立的立场，均衡项目参与各方的利益，合理分担风险，不偏袒包括建筑师在内的任何一方。

AIA 合同文件在不断修订的过程中，既参考了最新的法律变更，又反映了不断变化的科技与建筑工业实践。AIA 合同文件形式灵活，通过适当的修改可适应具体项目的需要。AIA 合同文件的用词力图通俗易懂，尽量避免使用晦涩的法律语言。

传统 AIA 合同文件仅以印刷方式出版。新技术的发展使电子出版成为可能。AIA 合同文件目前也以软件的方式发售。使用者可通过 AIA 提供的软件根据项目的需要生成合同文件。电子格式合同文件更便于使用和管理。项目参与各方之间也可以通过电子方式（电子邮件等）互相传递文件。此外，AIA 合同软件还提供了一项功能即可生成一份报告，详细说明用户的合同文件与标准合同文件之间的差异。但其合同软件在功能与使用方面还有很多不完善之处。

AIA 合同文件经过多年的发展已经系列化形成了包括 80 多个独立文件在内的复杂体系。这些文件适用于不同的工程建设管理模式、项目类型、甚至项目的不同具体方面。根据文件的不同性质，AIA 合同文件分为 A，B，C，

D，G，INT 6 个系列。

A 系列：业主与总承包商之间的合同文件（协议书及合同条件）以及与招投标有关的文件，如承包商资格申报表、各种保证标准格式等。

B 系列：业主与建筑师之间的合同文件。

C 系列：建筑师与专业咨询机构之间的合同文件。

D 系列：建筑师行业有关文件。

G 系列：合同和办公管理中使用的文件。

INT 系列：用于国际工程项目的合同条件（为 B 系列的一部分）。

AIA 系列合同文件具有以下特点。

① AIA 系列合同条件主要用于私营的房屋建筑工程，并专门编制用于小型项目的合同条件。

② AIA 系列合同条件的核心是"通用条件"。采用不同的工程项目管理，不同的计价方式时，只需选用不同的"协议书格式"与"通用条件"结合。AIA 合同文件的计价方式主要有总价、成本补偿合同及最高限定价格法。

（二）FIDIC 编制的工程承包合同条件

FIDIC 是指国际咨询工程师联合会，它是国际工程咨询行业的权威性非官方组织，是一个国际性的非官方组织。FIDIC 成立于 1913 年。最初的成员是欧洲境内的英国、法国、比利时 3 个独立的咨询工程师协会。1959 年，美国、南非、澳大利亚和加拿大也加入了联合会，FIDIC 从此打破了地域的划分，成为一个真正的国际组织。FIDIC 的成员包括来自全球各地 70 多个国家和地区的咨询协会，代表了约 400000 位独立从事咨询工作的工程师。我国也是国际咨询工程师联合会的正式成员。1996 年，中国工程咨询协会代表中国正式加入了 FIDIC，是亚太地区工程技术咨询发展计划组织正式成员和主要单位。

独立性是 FIDIC 组织的特点之一。在创立之初，FIDIC 组织最重要的职业道德准则之一就是咨询工程师的行为必须独立于承包商、制造商和供应商之外，其必须以独立的身份向委托人提供工程咨询服务，为委托人的利益尽责，并仅以此获得报酬。

FIDIC 编制了许多规范性的文件，这些文件不仅在许多国家采用，世界银行、亚洲开发银行、非洲开发银行的招标范本也常常采用。FIDIC 最享有的盛名就是其编制的系列工程合同条件，在 1999 年以前，FIDIC 编制出版的知名合同条件包括以下几方面。

①《土木工程施工合同条件》（"红皮书"，1987 年第 4 版，1992 年修订版）。

②《电气与机械工程合同条件》（"黄皮书"，1987 年第 3 版）。

③《土木工程施工分包合同条件》（1994 年第 1 版，与"红皮书"配套使用）。

④《业主/咨询工程师标准服务协议书》（"白皮书"，1990 年版）。

⑤《设计—建造与交钥匙工程合同条件》（"橘皮书"）。

为了适应国际工程建筑市场的需要，FIDIC 于 1999 年出版了一套新型的合同条件，旨在逐步取代以前的合同条件。这套新版合同条件共四本。

①《施工合同条件》（*Conditions of Contract for Construction*）（新"红皮书"，1999 年第 1 版）。

②《生产设备和设计—施工合同条件》（*Conditions of Contract for Plant and Design Build*）（新"黄皮书"，1999 年第 1 版）。

③《设计采购施工（EPC）/交钥匙工程合同条件》（*Conditions of Contract for EPC/ Turneojects*）（"银皮书"，1999 年第 1 版）。

④《简明合同格式》（*Short Form of Contract*）（"绿皮书"，1999 年第 1 版）。

除了以上合同条件之外，FIDIC 还有其他文件，如《招标程序》《工程咨询业质量管理指南》《大型土木工程项目保险》《咨询分包和联营体协议应用指南》《联营体协议书》《风险管理手册》等。FIDIC 制定的建设项目管理规范与标准合同文本，已被联合国有关组织和世界银行、亚洲开发银行等国际组织普遍承认并广泛采用，它提出的有关工程咨询行业管理和职业道德准则等也为各国工程咨询界共同遵守。从某种意义上说，FIDIC 条款已成为全球工程咨询业国际惯例的同义语。

（三）世界银行工程采购标准招标文件

世界银行招标文件标准文本是国际上通用的（传统的）工程建设管理模式招标文本中高水平、权威性、有代表性的文本。世界银行工程采购标准招标文件最新版本为 2006 年 5 月编制。

世界银行编制的工程采购标准招标文件有以下规定和特点。

①世界银行工程采购标准招标文件在全部或部分世界银行货款额超过 1000 万美元的项目中必须强制性使用。

②世界银行工程采购标准招标文件中的"投标人须知"和合同条件第一部分——"通用合同条件"对任何工程都是不变的，如要修改，可放在"招标资料"和"专用合同条款"中。使用本文件的所有较重要的工程均应进行资格预审，否则，经世界银行预先同意，可在评标时进行资格后审（Postqualification）。

③对超过 5000 万美元的合同（包括不可预见费）需强制采用三人争端审议委员会（DRB）的方法而不宜由工程师来充当准司法的角色。低于 3000 万美元的项目的争端处理办法由业主自行选择，可选择三人争端审议委员会，或一位争端审议专家（DRE），或提交工程师做决定，但工程师必须独立于业主之外。

④世界银行工程采购标准招标文件适用于单价合同，如用于总价合同，必须对支付方法、调价方法、工程量表、进度表等重新改编。

2004 年 5 月编制并开始使用的《工程采购标准招标文件》主要包括以下16 部分内容：投标邀请书、投标人须知、招标资料、合同通用条件、合同专用条件、技术规范、投标书、投标书附录和投标保函格式、工程量表、协议书格式、履约保函格式、银行保函格式、图纸、说明性注解、资格后审、争端解决程序。

（四）NEC 合同文件

英国土木工程师学会（Institute of Civil Engineers，ICE）创建于 1981 年，是在英国代表土木工程师的专业机构及资质评定组织，在国际上也颇有影响。ICE 的成员包括从专业土木工程师到学生在内的会员 8 万多名，其中五分之一在英国以外的 140 多个国家和地区。ICE 是根据英国法律具有注册资格的教育、学术研究与资质评定的团体。ICE 出版的合同文件目前在国际上亦得到广泛的应用。

多年来，ICE 编制的许多合同文件被世界各国广泛采用和借鉴，其中使用最多的便是《ICE 合同条件（土木工程施工）》。FIDIC 的合同条件，如《土木工程施工合同条件》（红皮书）第四版及以前的版本主要借鉴了 ICE 合同条件，ICE 也为分包合同、设计—建造模式制定了合同范本。但是鉴于传统模式的 ICE 合同条件存在的缺点：合同当事人出自不同的商业利益，在合同实施过程中容易产生冲突；咨询工程师在合同管理中，特别是在出现争端时的公正性日益受到质疑，因而在此类传统的模式下的合同管理中，各方容易引起争端和索赔。为了解决上述问题，ICE 组织了以马丁·鲍恩斯（Martin Barnes）博士为首的专家工作组，包括资深工程师、工料测量师、律师、项目经理等专业人士，经过几年努力，研究制定了一套崭新的合同范本，1993年 3 月出版了《新工程合同》（*New Engineering Contract*，NEC），并于1995 年出版了第 2 版，更名为《工程设计与施工合同》。NEC 系列合同范本包括以下文件。

①《工程设计与施工合同》（*Engineering and Construction Contract*，

ECC，黑皮书）：适用于所有领域的工程项目。

②《工程设计与施工分包合同》（*Engineering and Construction Subcontract*，ECS）：与ECC配套使用。根据主合同，部分工作和责任可转移至分包商。

③《专业服务合同》（*Professional Services Contract*，PSC）：适用于项目聘用的专业顾问、项目经理、设计师、监理工程师等专业技术人才。

④《工程设计与施工简要合同》（*Engineering and Construction Short Contract*，ECSC）：适用于工程结构简单、风险较低、对项目管理要求不太苛刻的项目。

⑤《裁决人合同》（*Adjudicators Contract*，AC）：业主聘用裁决人的合同。

第八章　工程建设项目的信息管理

工程建设项目信息管理是对信息的收集、整理、处理、储存、传递与应用等一系列工作的总称。信息管理的目的就是通过有组织的信息流通，使决策者能及时、准确地获得相应的信息。

第一节　工程建设项目的信息管理概述

一、信息的含义和特征

（一）信息的含义

信息一词来源于拉丁文，意思是解释和陈述。自美国贝尔实验室的申农第一次将其作为通信理论的专门术语进行深入研究并提出科学概念以来，信息这一概念已广泛渗透到其他各门学科，成为一个内容丰富、运用极广的概念。信息在自然界、社会以及人体自身都广泛存在着，人类进行的每一社会实践、生产实践和科学实验都在接触信息、获得信息、处理信息和利用信息。

信息指的是用口头的方式、书面的方式或电子的方式传输（传达、传递）的知识新闻，或可靠的或不可靠的情报。声音、文字、数字和图像等都是信息表达的形式。工程建设项目的实施需要人力资源和物质资源，应认识到信息也是项目实施的重要资源之一。

（二）信息的特征

和一般意义上人们理解的消息不同，信息在产生、传递和处理过程中具有以下特性：准确性、时效性、有序性、共享性、可存储性、适用性、系统性。

二、工程建设项目信息的组成及分类

从信息管理的角度，可以将纷繁复杂的建设项目决策和实施过程归纳为两个主要过程：一是信息过程，二是物质过程。项目策划阶段、设计阶段和招投标阶段等的主要任务之一就是生产、处理、传递和应用信息，这些阶段

的主要工作成果是建设项目信息。实际上建设项目的施工阶段是物质过程和信息过程的高度融合。

工程建设项目的信息包括在项目决策过程、实施过程（设计准备、设计、施工和物资采购过程等）和运行过程中产生的信息，以及其他与项目建设有关的信息。它包括项目的组织类信息、管理类信息、经济类信息、技术类信息和法规类信息。项目实施过程中应积累以下基本信息。

1. 公共信息

公共信息包括法规和部门规章制度、市场信息、自然条件信息。

2. 单位工程信息

单位工程信息包括工程概况、施工记录、施工技术资料、工程协调、工程进度计划及资源计划、成本、商务、质量检查、安全文明施工及行政管理、交工验收等信息。

业主方和项目参与各方可根据各自的项目管理的需求确定其信息管理的分类，但为了信息交流的方便和实现部分信息共享，应尽可能做一些统一分类的规定，如项目的分解结构应统一。可以从不同的角度对工程建设项目的信息进行分类。

①按项目管理工作的对象，即按项目的分解结构，如子项目1、子项目2等进行信息分类。

②按项目实施的工作过程，如设计准备、设计、招投标和施工过程等进行信息分类。

③按项目管理工作的任务，如投资控制、进度控制、质量控制等进行信息分类。

④按信息的内容属性，如组织类信息、管理类信息、经济类信息、技术类信息和法规类信息进行信息分类。

三、工程建设项目信息管理的含义、原则与重要性

（一）工程建设项目信息管理的含义

工程建设项目信息管理是指对信息的收集、整理、处理、储存、传递与应用等一系列工作的总称。信息管理的目的是通过有组织的信息流通，使决策者能及时、准确地获得相应的信息。为了达到信息管理的目的，就要把握好信息管理的各个环节，并要做到以下几点。

①了解和掌握信息来源，对信息进行分类。

②掌握和正确运用信息管理的手段，如计算机。

③掌握信息流程的不同环节，建立信息管理系统。

信息管理指的是信息传输的合理的组织和控制，项目的信息管理是通过对各个系统、各项工作和各种数据的管理，使项目的信息能被方便和有效地获取、存储、存档、处理和交流。项目的信息管理目的旨在通过有效的项目信息传输的组织和控制（信息管理）为项目建设的增值服务。

（二）工程建设项目信息管理的原则

对于大型项目，建设工程产生的信息数量巨大，种类繁多。为便于信息的收集处理、储存、传递和利用，工程建设项目信息管理应遵循以下几点基本原则。

1. 标准化原则

要求在项目的实施过程中对有关信息的分类进行统一，对信息流程进行规范，产生的控制报表力求做到格式化和标准化，通过建立健全的信息管理制度，从组织上保证信息生产过程的效率。

2. 有效性原则

项目管理人员所提供的信息应根据不同层次管理者的要求进行适当加工，针对不同管理层提供不同要求和不同浓缩程度的信息。例如，对于项目的高层管理者而言提供的决策信息应力求精练、直观，尽量采用形象的图表来表达，以满足其战略决策的信息需要。这一原则有利于保证信息产品对于决策支持的有效性。

3. 定量化原则

建设工程产生的信息不是项目实施过程中产生数据的简单记录，而是信息处理人员比较与分析的结果。采用定量工具对有关数据进行分析和比较是十分必要的。

4. 时效性原则

在考虑工程项目决策过程的时效性时，建设工程的成果也应具有相应的时效性。建设工程的信息都有一定的生产周期，如月报表、季度报表、年度报表等，这都是为了保证信息产品能够及时服务于决策。

5. 高效处理原则

通过采用高性能的信息处理工具（如建设工程信息管理系统），尽量缩短信息在处理过程中的延迟，项目管理人员的主要精力应放在对处理结果的分析和控制措施的制定上。

6. 可预见原则

建设工程产生的信息作为项目实施的历史数据，可以用于预测未来的情况，项目管理者应通过采用先进的方法和工具，以为决策者制定未来目标与行动规划提供必要的信息。

（三）工程建设项目信息管理的重要性

在项目管理的六大任务中，信息管理是相当重要的方面，但是普遍没有被引起重视，在许多项目的管理过程中是相当薄弱的。至今多数业主方和施工方的信息管理还相当落后，其落后表现在对信息管理的理解，以及信息管理的组织、方法和手段基本上还停留在传统的方式与模式上。在许多国际工程中，由于信息管理工作不规范、不到位、不重视所引起的损失是相当惊人的。因此，到国外参加过工程建设，甚至在国内与国际工程公司合作过的公司对此都非常重视。

在现代信息社会，信息技术的应用是非常广泛的，在工程建设项目的信息管理中也离不开信息技术，但是，我国在这方面的应用明显比较落后。据国际有关文献资料介绍，工程建设项目实施过程中存在的诸多问题，有 2/3 与信息交流（信息沟通）的问题有关；工程建设项目 11% ~ 33% 的费用增加与信息交流存在的问题有关；在大型工程建设项目中，信息交流的问题导致工程变更和工程实施的错误占工程总成本的 3% ~ 5%，由此可见信息管理的重要性是巨大的。

四、工程建设项目信息管理遵循的程序及基本要求

通过对各个系统、各项工作和各种数据的管理，项目的信息能方便和有效地获取、存储、处理和交流。

各个系统可分为：项目决策阶段管理子系统、实施阶段管理子系统和运行阶段管理子系统。各项工作可视为：与项目的决策、实施和运行有关的各项工作。各种数据包括：文字、数字和影像。

项目部应建立信息管理体系，及时、准确地获得和快捷、安全、可靠地使用所需的信息。项目信息要有时效性、针对性以及必要的精确度，要综合考虑信息成本及信息收益，实现信息效益最大化。

（一）项目信息管理应遵循的程序

①确定项目信息管理目标。
②进行项目信息管理策划。

③项目信息收集。

④项目信息处理。

⑤项目信息运用。

⑥项目信息管理评价。

（二）项目信息管理的基本要求

①项目部应建立项目信息管理系统，优化信息结构，对项目实施全方位全过程信息化管理，实现项目管理信息化。

②项目部应根据工程特点设立信息管理机构，配备专职（或兼职）的信息管理人员，信息管理人员须经有资质的单位培训后，才能承担项目信息管理工作。

③项目部应根据管理的需要对信息进行分类，并建立信息数据库，包括项目管理过程中形成的各种数据、表格、图纸、文字、影像资料等。项目部应配置信息管理所需要的计算机、软件、影像设备（扫描仪、照相机、摄像机）等，并专人保管和使用。

④项目部应及时收集、整理本项目范围内真实、准确的信息，未经验证的口头信息不能作为有效信息。实行总承包的，分包单位负责分包范围内信息的收集、整理，总包单位负责汇总、整理全部信息。

⑤项目信息收集应随工程的进展全程、及时进行，保证信息真实、准确、具有时效性，及时纳入项目信息管理系统并准确、完整地传递给使用单位和人员。

五、工程建设项目信息管理的过程和基本内容

（一）工程建设项目信息管理的过程

工程建设项目信息管理的过程主要包括信息的收集、加工整理、存储、检索和传递。

1.信息的收集

（1）建设项目信息的收集

建设项目信息的收集，就是收集项目决策和实施过程中的原始数据，这是很重要的基础工作，信息管理工作的质量好坏，很大程度上取决于原始资料是否全面和可靠。因此，建立一套完善的信息采集制度是十分必要的。

工程项目在正式开工之前，需要进行大量的工作，这些工作将产生大量包含着丰富内容的文件，工程建设单位应当了解和掌握这些内容。

①收集可行性研究报告及其有关资料。

②设计文件及有关资料的收集。社会调查情况：建设地区的工农业生产、社会经济、地区历史、人民生活水平。工程技术勘测调查情况：收集建设地区的自然条件资料，如河流、水文、资源地质、地形、地貌、气象等资料。技术经济勘察调查情况：主要收集工程建设地区的原材料、燃料来源，水电供应和交通运输条件，劳动力来源、数量和工资标准等资料。

③招投标合同文件及其有关资料的收集。招投标合同文件中包含了大量的信息，包括甲方的全部"要约"条件，乙方的全部"承诺"条件；甲方所提供的材料供应、设备供应、水电供应、施工道路、临时房屋、征地情况等，乙方投入的人力、机械方面的情况，以及工期保证、质量保证、投资保证、施工措施、安全保证等。项目建设前期除以上各个阶段产生的各种资料外，上级关于项目的批文和有关指示，有关征用土地、迁建赔偿等协议式批准文件等，均是十分重要的资料

（2）施工期间的信息收集

工程的施工阶段是大量的信息发生、传递和处理的阶段，工程建设项目信息管理工作主要集中在这一阶段。施工期间的信息收集内容如下。

①收集业主提供的信息。

业主作为工程建设项目的组织者，要按照合同文件规定提供相应的条件，要不时表达对工程各方面的意见和看法，下达某些指令。因此，应及时收集业主提供的信息。当业主负责某些材料的供应时，需收集提供材料的品种、数量、质量、价格、提货地点、提货方式等信息。工程项目负责人应及时收集这些信息资料，同时应收集对项目进度、质量、投资、合同等方面的意见和看法。

②收集承建商的信息。

现场发生的各种情况承建商必须掌握和收集，工程项目负责人也必须掌握和收集，并汇集成相应的信息资料。承建商在施工中经常向有关单位，包括上级部门、设计单位、业主及其他相关方发出某些文件，传达一定的内容，如向业主报送施工组织设计、各种计划、单项工程施工措施、月支付申请表、各种项目自检报告、质量问题报告、有关意见等，项目负责人应全面系统地收集这些信息资料。

③收集建设项目的施工现场记录。

此记录是驻地工程师的记录，主要包括工程施工历史记录、工程质量记录、工程计量、工程款记录和竣工记录等。

现场管理人员的日报。其主要包括：现场每日的天气记录、当天的施工

内容、参加施工的人员、施工用的机械（名称、数量等）、发现的施工质量问题、施工进度与计划、施工进行的比较（若发生施工进度拖延，应说明原因）、当天的综合评论及其他说明（应注意的事项）等。

驻施工现场管理负责人的日记。其主要包括：当天所做的重大决定、对施工单位所做的主要指示、发生的纠纷及解决办法，该工程项目总负责人施工现场谈及的问题，当天与该工程项目总负责人的口头谈话摘要，对驻施工现场管理工程师的指示，与其他人达成的任何主要协议，或对其他人的主要指示等。

驻施工现场管理负责人的月报。驻施工现场管理负责人应每月向总负责人及业主汇报工地施工进度状况，工程款支付情况，工程进度拖延的原因分析，工程质量情况，工程进展中主要困难与问题，如施工中的重大差错，重大索赔事件，材料、设备供货及组织、协调方面的困难，异常的天气情况等。

驻施工现场管理负责人对施工单位的指示。其主要包括：正式发出的重大指示，在每日工地协调会中发出的指示，在施工现场发出的指示等。

补充图纸。设计单位给施工单位的各种补充图纸。

工地质量记录。其主要包括试验结果记录及样本记录。

④收集工地会议记录。

工地会议是工程项目管理的一种重要方法，会议中包含大量的信息，要求项目管理工程师必须重视工地会议，并建立一套完善的会议制度，以便于会议信息的收集。会议制度包括会议的名称、主持人、参加人、举行会议的时间、会议地点等，每次工地会议都应有专人记录，会后应有工作会议纪要等。

第一次工地会议。第一次工地会议由甲方主持，主要内容是介绍业主、工程师、承建商的职员，澄清组织，检查承建商的动员情况（履约保证金、进度计划、保险、组织、人员、现场准备情况等），检查业主对合同的履行情况（如资金、投保，确定工地、图纸等），管理工程师动员阶段的工作情况（如提交水准点、图纸、职责分工等），检查为管理工程师提供设备的情况（如住宿、试验、通信、交通工具、水电等条件），明确例行程序，包括填报支付报表。

经常性工地会议。经常性工地会议由承建商主持，一般每月召开一次。会议有工程项目负责人员、承建商、监理方、业主代表参加。会议主要内容：确定上次工地会议纪要、当月进度总结、进度预测、技术事宜、变更事宜、财务事宜、管理事宜、索赔和延期、下次工地会议及其他事项。工地会议确定的事情视为合同文件的一部分，承建商必须执行。工地会议记录忠实于会议发言人，确保记录的真实性。

（3）工程竣工阶段的信息收集

工程竣工并按要求进行竣工验收时，需要大量与竣工验收有关的各种资料信息。这些信息一部分是在整个施工过程中长期积累形成的，一部分是在竣工验收期间，根据积累的资料整理分析而形成的。完整的竣工资料应由承建商编制，经工程项目负责人和有关方面审查后，移交业主并通过业主移交管理部门。

2. 信息的加工整理和储存

建设项目的信息管理除应注意各种原始资料的收集外，更重要的是要对收集来的资料进行加工整理和储存，并对工程决策和实施过程中出现的各种问题进行处理。

（1）信息处理的要求和方法

信息处理包括收集、加工、输入计算机、传输、存储、计算、检索、输出等内容。

①信息处理的要求。要使信息能有效地发挥作用，在信息处理的过程中就必须符合及时、准确、适用、经济的要求。

②信息处理的方法。从收集的大量信息中，找出信息与信息之间的关系和运算公式；从收集的少量信息中，得到大量的输出信息。

（2）收集信息的分类

工程项目信息管理中，对收集来的资料进行加工整理后，按其加工整理的深度可分为如下几个类型：①对资料和数据进行简单整理和滤波；②对信息进行分析、概括综合后能产生辅助决策的信息；③通过应用数学模型统计推断可以产生决策的信息。

（3）当时收集的信息所做的决策或决定

①依据进度控制信息，对施工进度状况的意见和指示。

②依据质量控制信息，对工程质量控制情况提出意见和指示。

③依据投资控制信息，对工程结算和决算情况的意见和指示。

④依据合同管理信息，对索赔的处理意见。

3. 信息的检索和传递

无论是存入档案库还是存入计算机存储器的信息、资料，为了查找方便，在入库前都要拟定一套科学的查找方法和手段，做好编目分类工作。健全的检索系统可以使报表、文件、资料、人事和技术档案既保存完好，又查找方便。否则会使资料杂乱无章，无法利用。

信息的传递是指借助一定的载体（如纸张、软盘、磁带等）在建设项目信息管理工作的各部门、各单位之间的传递。通过传递，形成各种信息流。畅通的信息流，将利用报表、图表、文字、记录、电讯、各种收发文、会议、审批及计算机等传递手段，不断地将建设项目信息输送到项目建设各方手中，成为他们工作的依据。

信息管理的目的是更好地使用信息，为决策服务。处理好的信息，要按照需要和要求编印成各类报表与文件，以供项目管理工作使用。信息检索和传递的效率与质量随着计算机的普及而提高。存储于计算机数据库中的数据，已成为信息资源，可为各个部门所共享。因此，利用计算机做好信息的加工储存工作，是更好地进行信息检索和传递，以及信息的使用的前提。

（二）工程建设项目信息管理的基本内容

在信息管理过程中，工程建设项目信息管理的具体内容很多，具体内容如下。

1. 建立工程项目信息管理工作任务

业主方和项目参与各方都有各自的信息管理任务，为充分利用和发挥信息资源的价值、提高信息管理的效率，以及实现有序的和科学的信息管理，各方都应编制各自的信息管理手册，以规范信息管理工作。信息管理手册包含内容为信息管理做什么、谁做、什么时候做和其工作成果是什么等。项目管理人员承担项目信息管理的任务，负责收集项目实施情况的信息，做各种信息处理工作，并向上级、向外界提供各种信息。

①组织项目基本情况信息的收集并系统化，编制项目手册。项目管理的任务之一是按照项目的任务、实施要求，设计项目实施和项目管理中的信息与信息流，确定它们的基本要求和特征，并保证项目实施过程中信息顺利流通。

②遵循项目报告及各类资料的规定，如资料的格式、内容、数据结构要求。

③按照项目实施、项目组织、项目管理工作过程建立项目管理信息系统，在实际工作中保证系统正常运行，并控制信息流。

2. 建立信息管理部门的主要工作任务

①负责编制信息管理手册，在项目实施过程中进行信息管理手册必要的修改和补充，并检查和督促其执行。

②负责协调和组织项目管理班子中各个工作部门的信息处理工作。

③负责信息处理工作平台的建立和运行维护。

④与其他工作部门协同组织收集信息、处理信息和形成各种反映项目进

展及项目目标控制的报表、报告。

⑤负责工程档案管理等。在工程建设项目中，信息的类型是很多的，信息管理的任务非常繁杂，任务也是很艰巨的，必须在项目管理班子中明确具体的负责人员、分工，同时必须对信息进行分类、编码，并建立适当的信息管理流程图。

由于工程建设项目大量数据处理的需要，在当今时代应重视利用信息技术的手段进行信息管理。其核心的手段是基于网络的信息处理平台。在国际上，许多工程建设项目都专门设立信息管理部门（或称为信息中心），以确保信息管理工作的顺利进行；也有一些大型工程建设项目专门委托咨询公司从事项目信息动态跟踪和分析，以信息流指导物质流，从宏观上对项目的实施进行控制。

第二节　工程建设项目的监理信息

一、监理信息的特点及分类

（一）监理信息的特点

监理信息是在建设工程监理过程中发生的、反映建设工程状态和规律的信息。监理信息具有一般信息的特征，同时也有以下特点。

1. 来源广，信息量大

建设工程监理是以监理工程师为中心的，项目监理机构自然成为监理信息中心。监理信息来自两个方面：一是项目监理机构内部进行目标控制和管理而产生的信息；二是在实施监理的过程中，从项目监理机构外流入的信息。由于建设工程的长期性和复杂性，涉及单位众多，从而监理信息来源广，信息量大。

2. 动态性强

工程建设的过程是一个动态过程，监理工程师实施的控制也是动态控制，因而大量的监理信息都是动态的，这就需要及时地收集和处理信息、利用信息，才能做出正确的决策。

（二）监理信息的分类

不同的监理范畴，需要的信息不同，将监理信息归类划分，有利于满足不同监理工作的信息需求，使信息管理更加有效。

1.按建设监理控制目标划分

建设工程监理的目的是对工程进行有效的控制，按控制目标可将监理信息划分分为投资控制信息、质量控制信息、进度控制信息、安全生产控制信息、合同管理信息。

①投资控制信息是指与投资控制有关的各种信息。投资标准方面有工程造价、物价指数、工程量计算规则等。工程项目计划投资方面，如工程项目投资估算、设计概算、合同价等。工程项目进行中产生的实际投资信息，如施工阶段的支付账单、工程变更费用、运杂费、违约金、工程索赔费用等。

②质量控制信息是指与质量控制有关的信息。有关法规标准信息，如国家质量标准、质量法规、质量管理体系、工程项目建设标准等。计划工程质量有关的信息，如工程项目的合同标准、材料设备的合同质量、质量控制的工作措施等。项目进展中产生的质量信息，如工程质量检查、验收记录、材料的质量抽样检查、设备的质量检验等。还有工程参建方的资质及特殊工种人员资质等。

③进度控制信息是指与进度控制有关的信息。与工程计划进度有关的信息，如工程项目进度计划、进度控制制度等。在项目进展中产生的进度信息，如进度记录、工程款支付情况、环境气候条件、项目参加人员、物资与设备情况等。另外，还有上述信息在加工后产生的信息，如工程实际进度控制的风险分析、进度目标分解信息、实际进度与计划进度对比分析、实际进度与合同进度对比分析、实际进度统计分析、进度变化预测信息等。

④安全生产控制信息是指与安全生产控制有关的信息。法律法规方面，如国家法律、法规、条例。制度措施有安全生产管理体系、安全生产保证措施等。项目进展中产生的信息，如安全生产检查、巡视记录、安全隐患记录等。另外，还有文明施工及环境保护有关的信息。

⑤合同管理信息，如国家法律、法规，勘测设计合同、工程建设承包合同、分包合同、监理合同、物资供应合同、运输合同等，工程变更、工程索赔、违约事项等。

2.按建设工程不同阶段划分

（1）项目建设前期的信息

项目建设前期的信息包括可行性研究报告、设计任务书、勘察设计文件、招标投标等方面的信息。

（2）工程施工过程中的信息

由于建设工程具有施工周期长、参建单位多的特点，所以施工过程中的信息量最大。其中，有来自业主方面的指示、意见和看法，下达的某些指令；有来自承包商方面的信息，如向有关方面发出的各种文件，向监理工程师报送的各种文件、报告等；有来自设计方面的信息，如设计合同、施工图纸、工程变更等；有来自监理方面的信息，如监理单位发出的各种通知、指令，工程验收信息。项目监理内部也会产生许多信息，有直接从施工现场获得有关投资、质量、进度、安全和合同管理方面的信息，有经过分析整理后对各种问题的处理意见信息等。还有来自其他部门如建设行政管理部门、地方政府、环保部门、交通部门等部门的信息。

（3）工程竣工阶段的信息

在工程竣工阶段，需要大量的竣工验收资料，这些信息一部分是在整个施工过程中长期积累形成的，一部分是在竣工验收期间，根据积累的资料整理分析而形成的。

3. 其他的一些划分方法

（1）按照信息范围的不同划分

可把监理信息分为精细的信息和摘要的信息两类。

（2）按照信息时间的不同划分

可把监理信息分为历史性的信息和预测性的信息两类。

（3）按照监理阶段的不同划分

可把监理信息分为计划的、作业的、核算的及报告的信息。在监理工作开始时要有计划的信息；在监理过程中，要有作业的和核算的信息；在某一工程项目的监理工作结束时，要有报告的信息。

（4）按照对信息的期待性不同划分

可把监理信息分为预知的信息和突发的信息两类。

（5）按照信息的性质不同划分

可把监理信息划分为生产信息、技术信息、经济信息等。

（6）按照信息的稳定程度划分

可把监理信息划分为固定信息和流动信息等。

二、监理信息的构成及作用

（一）监理信息的构成

建设工程信息是对参与建设各方主体（如业主、设计单位、施工单位、供货厂商和监理企业等）从事工程建设项目管理（或监理）提供决策支持的一种载体，如项目建议书、可行性研究报告、设计图样及其说明、各种建设法规及建设标准等。在现代建设工程中，及时、准确、完善地掌握与建设有关的大量信息，处理和管理好各类建设信息，是工程建设项目监理的重要内容。

建设工程监理信息管理工作涉及多部门、多环节、多专业、多渠道，信息量大，来源广，形式多样，主要信息形态有下列形式。

1. 文字图形信息

文字图形信息包括勘察、测绘、设计图纸及说明书、合同，工作条例及规定，项目管理实施规划（施工组织设计）情况报告，原始记录，统计图表、报表，信函等信息。

2. 语言信息

语言信息包括口头分配任务、工作指示、汇报、工作检查、谈判交涉、建议、批评、工作讨论和研究、会议等信息。

3. 新技术信息

新技术信息包括通过网络、电话、电报、电传、计算机、电视、录像、录音、广播等现代化手段收集及处理的一部分信息，监理工作者要善于捕捉各种信息并加工处理和运用各种信息。

（二）监理信息的作用

监理工程师在工作中会生产、使用和处理大量的信息，信息是监理工作的成果，也是监理工程师进行决策的依据。

1. 监理信息是监理工程师进行目标控制的基础

建设工程监理的目标控制，即按计划的投资、质量和进度完成工程项目建设。监理信息贯穿在目标控制的各个环节，建设监理目标控制系统内部各要素之间、系统和环境之间都靠信息进行联系。在建筑工程的生产过程中，监理工程师要依据所反馈的投资、质量、进度、安全信息与计划信息进行对比，看是否发生偏离，如发生偏离，即采取相应措施予以纠正，再偏离就再纠正，直至达到建设目标。纠正的措施就是依靠信息。

2. 监理信息是监理工程师进行科学决策的依据

建设工程中有许多问题需要决策，决策的正确与否直接影响项目建设总目标的实现与否及监理企业、监理工程师的信誉好坏。做出一项决策需要考虑各种因素，其中最重要的因素之一就是信息，如要做出是否需要进行进度计划调整的决策，就需要收集计划进度信息与工程实际的进度信息。监理工程师在整个工程的监理过程中，都必须充分地收集信息、加工整理信息，才能做出科学的、合理的监理决策。

3. 监理信息是监理工程师进行组织协调的纽带

工程项目的建设是一个复杂和庞大的系统，参建单位多、周期长、影响因素多，需要进行大量的协调工作，监理组织内部也要进行大量的协调工作，这都要依靠大量的信息。协调一般包括人际关系的协调、组织关系的协调和资源需求关系的协调。人际关系的协调，需要了解协调对象的特点、性格方面的信息，需要了解岗位职责和目标的信息，需要了解其工作成效的信息，通过谈心、谈话等方式进行沟通与协调；组织关系的协调，需要了解组织机构设置、目标职责的信息，需要开工作例会、专题会议来沟通信息，在全面掌握信息的基础上及时消除工作中的矛盾和冲突；资源需求关系的协调，需要掌握人员、材料、设备、能源动力等资源方面的计划情况、储备情况以及现场使用情况等信息，以此来协调建筑工程的生产，保证工程进展顺利。

三、建设工程监理信息管理的内容

建设工程监理信息管理是指在工程建设项目的各个阶段，对所产生的、面向工程项目的监理业务信息进行收集、传输、加工、储存、维护和使用等的信息规划及组织管理活动的总称。建设工程监理信息管理的目的是通过有效地建设信息规划及其组织管理活动，使参与建设各方能及时、准确地获得有关的建设工程信息，以便为项目建设的全过程或各个建设阶段提供建设项目决策所需的可靠信息。监理工程师作为项目管理者，承担着建设工程信息管理的任务。

（一）收集监理信息的作用

在建设工程中，每时每刻都产生着大量的信息。但是，要得到有价值的信息，只靠自发产生的信息是远远不够的，还必须根据需要进行有目的、有组织、有计划的收集，才能提高信息质量，充分发挥信息的作用。

收集信息是运用信息的前提。各种信息一经产生，就必然会受到传输条件、人们的思想意识及各种利益关系的影响，所以信息有真假、虚实、有用无用之分。监理工程师要取得有用的信息，必须通过各种渠道，采取各种方法收集信息，然后经过加工、筛选，从中选择出对进行决策有利的信息。没有足够的信息作为依据，决策就会产生失误。

收集信息是进行信息处理的基础。信息处理是对已经取得的原始信息进行分类、筛选分析、加工、评定、编码、存储、检索、传递的全过程。信息收集工作的好坏，直接决定着信息加工处理质量的高低。在一般情况下，如果收集到的信息时效性强、真实度高、价值大、全面系统，再经加工处理质量就会更高，反之则低。

（二）收集监理信息的基本原则

1. 要主动及时

监理工程师要取得对工程控制的主动权，就必须积极主动地收集信息，善于及时发现、及时取得、及时加工各类工程信息。只有工作主动，获得信息才会及时，监理工作的特点和监理信息的特点都决定了收集信息要主动及时。监理是一个动态控制的过程，实时信息量大、时效性强、稍纵即逝。建设工程又具有投资大、工期长、项目分散、管理部门多、参与建设的单位多等特点。如果不能及时得到工程中大量发生的、变化极大的数据，不能及时把不同的数据传递于需要相关数据的不同单位、部门，势必会影响各部门工作，影响监理工程师做出正确的判断，影响监理的质量。

2. 要全面系统

监理信息贯穿在工程项目建设的各个阶段及全部过程，各类监理信息和每一条信息，都是监理内容的反映或表现。所以，收集监理信息不能挂一漏万、以点带面、把局部当成整体或者不考虑事物之间的联系。同时，建设工程不是杂乱无章的，而是有着内在的联系的。因此，收集信息不仅要注意全面性，还要注意系统性和连续性，全面系统就是要求收集到的信息具有完整性，以防决策失误。

3. 要真实可靠

收集信息的目的在于对工程项目进行有效的控制。由于建设工程中人们的经济利益关系以及建设工程的复杂性，信息在传输中会发生失真现象，难免产生不能真实反映建设工程实际情况的假信息。因此，必须严肃认真地进行收集工作，将收集到的信息进行严格核实、检测、筛选和去伪存真。

4. 要重点选择

收集信息要全面系统和完整，不等于不分主次、胡子眉毛一把抓，必须有针对性，坚持重点选择的原则。针对性首先是指有明确的目的或目标，其次是指有明确的信息源和信息内容，还要做到适用，即所取信息符合监理工程的需要，能够应用并产生好的监理效果。所谓重点选择，就是根据监理工作的实际需要，根据监理的不同层次、不同部门、不同阶段对信息需求的侧重点，从大量的信息中选择使用价值大的主要信息，如业主委托施工阶段监理，则以施工阶段为重点进行收集。

第三节　工程建设项目文档资料管理概述

一、建设工程文档资料管理相关概念

（一）建设工程文件概念

建设工程文件是指在工程建设过程中形成的各种形式的信息记录，包括工程准备阶段文件、监理文件、施工文件、竣工图和竣工验收文件，也可简称为工程文件。

①工程准备阶段文件：工程开工以前，在立项、审批、征地、勘察、设计、招投标等工程准备阶段形成的文件。

②监理文件：监理企业在工程设计、施工阶段监理过程中形成的文件。

③施工文件：施工单位在工程施工过程中形成的文件。

④竣工图：工程竣工验收后，真实反映工程建设项目施工结果的图样。

⑤竣工验收文件：工程建设项目竣工验收活动中形成的文件。

（二）建设工程档案概念

建设工程档案是指在工程建设活动中直接形成的具有归档保存价值的文字、图表、声像等各种形式的历史记录，也可简称为工程档案。

（三）建设工程文档资料管理的基本概念

建设工程文档资料管理是指，对作为信息载体的资料进行有序的收集、加工、分解编目、存档，并为建设项目各参加者提供专用的和常用的信息的过程。

建设工程档案资料的管理涉及建设单位、监理企业、施工单位等以及地方城建档案管理部门。对于一个建设工程而言，归档有以下三个方面含义。

①建设、勘察、设计、施工、监理等单位将本单位在工程建设过程中形成的文件向本单位档案管理机构移交。

②勘察、设计、施工、监理等单位将本单位在工程建设过程中形成的文件向建设单位档案管理机构移交。

③建设单位按照现行《建设工程文件归档规范》（GB/T 50328—2014）要求，将汇总的该建设工程文件档案向地方城建档案管理部门移交

二、建设工程文档资料的编制与组卷

（一）建设工程文档资料编制质量要求

归档的建设工程文件应为原件，文件的内容必须齐全、系统、完整、准确，与工程项目实际相符。

建设工程文件的内容及其深度必须符合国家有关工程勘察、设计、施工、监理等方面的技术规范、标准和规程。

建设工程文件应采用耐久性强的书写材料，如碳素墨水、蓝黑墨水，不得使用易褪色的书写材料，如红色墨水、纯蓝墨水、圆珠笔、复写纸、铅笔等。

建设工程文件应字迹清楚、图样清晰、图表整洁、签字盖章手续完备。

建设工程文件中文字材料幅面尺寸规格宜为 A4 幅面（297 mm × 210 mm），图纸宜采用国家标准图幅。

建设工程文件的纸张应采用能够长期保存的韧性大、耐久性强的纸张，图纸一般采用蓝晒图，竣工图应是新蓝图。计算机出图必须清晰，不得使用计算机出图的复印件。所有竣工图均应加盖竣工图章。

利用施工图改绘竣工图，必须标明变更修改依据，凡施工图结构、工艺、平面布置等有重大改变，或变更部分超过图面 1/3 的应当重新绘制竣工图。

不同幅面的工程图纸应按《技术制图 复制图的折叠方法》（GB 106010.3—2009）统一折叠成 A4 幅面（297 mm × 210 mm），图标栏露在外面。

工程档案资料的微缩制品必须按国家微缩标准进行制作，主要技术指标要符合国家标准，保证质量，以适应长期安全保管。

工程档案资料的照片（含底片）及声像档案，要求图像清晰，声音清楚，文字说明或内容准确。

工程文件应采用打印的形式并使用档案规定用笔，并手工签字，在不能使用原件时，应在复印件或抄件上加盖公章并注明原件保存处。

（二）建设工程文档资料的组卷要求及方法

组卷即按照一定的原则和方法，将有保存价值的文档资料分门别类地整理成案卷的过程，亦称立卷。

1. 组卷的基本要求

①一个建设工程由多个单位工程组成时，应按单位工程组卷。

②卷内资料排列顺序应依据卷内资料构成而定，一般顺序为封面、目录、资料部分、备考表和封底。文字材料按事项、专业顺序排列。同一事项的请示与批复、同一文件的印本与定稿、主体与附件不能分开，并按批复在前、

请示在后，印本在前、定稿在后，主体在前、附件在后的顺序排列。图纸按专业排列，同专业图纸按图号顺序排列。既有文字材料又有图纸的案卷，文字材料排前，图纸排后。

③卷内若存在多类工程资料时，同类资料按自然形成的顺序和时间排序，不同资料之间的排列顺序应符合标准资料分类原则。

④保管期限分永久、长期、短期三种。永久是指工程档案需要永久保存。长期是指工程档案的保存期等于该工程的使用寿命。短期是指工程档案保存20年以下。

⑤工程档案套数一般不少于两套，一套由建设单位保管，另一套原件要求移交当地档管理部门保存。

⑥案卷不宜过厚，一般不超过 40 mm。

2. 组卷的方法

工程文件可按建设程序划分为工程准备阶段的文件、监理文件、施工文件、竣工图、竣工验收文件五个部分。

①工程准备阶段文件可按建设程序、专业、形成单位等组卷。

②监理文件可按单位工程、分部工程、专业、阶段等组卷。

③施工文件可按单位工程、分部工程、专业、阶段等组卷。

④竣工图可按单位工程、专业等组卷。

⑤竣工验收文件按单位工程、专业等组卷。

参考文献

[1] 王旭，唐文彬，夏群，等 . 工程监理概论 [M]. 北京：科学出版社，2010.

[2] 巩天真，张泽平 . 建设工程监理概论 [M].3 版 . 北京：北京大学出版社，2013.

[3] 孙建平 . 建设工程质量安全风险管理 [M]. 上海：同济大学出版社，2016.

[4] 危道军 . 建筑施工组织 [M].4 版 . 北京：中国建筑工业出版社，2017.

[5] 成虎，陈群 . 工程项目管理 [M].4 版 . 北京：中国建筑工业出版社，2015.

[6] 刘伊生 . 建设工程招投标与合同管理 [M].2 版 . 北京：机械工业出版社，2007.

[7] 严小丽，吴清 . 施工企业信息化绩效评价 [M]. 北京：中国建筑工业出版社，2013.

[8] 刘希俭 . 企业信息化管理实务 [M]. 北京：石油工业出版社，2013.

[9] 陆彦 . 工程项目组织理论 [M]. 南京：东南大学出版社，2013.

[10] 李君 . 建设工程项目质量管理及案例 [M]. 北京：中国电力出版社，2012.

[11] 刘严 . 现代建设工程项目全过程管理与控制 [M]. 郑州：河南科学技术出版社，2014.

[12] 成华 . 建筑工程监理实务 [M]. 北京：北京理工大学出版社，2016.

[13] 环境保护部环境工程评估中心 . 建设项目环境监理 [M]. 北京：中国环境科学出版社，2012.

[14] 林少英 . 工程监理工作实务 [M]. 北京：北京理工大学出版社，2014.

[15] 兰国谦，赵文英 . 建设项目环境监理实用技术 [M]. 石家庄：河北科学技术出版社，2016.

[16] 陶洋 . 信息系统监理技术与方法 [M]. 北京：国防工业出版社，2014.

[17] 李翠兰 . 建筑工程项目管理中存在的问题及解决措施 [J]. 山西建筑，2017，43（36）：231-232.

[18] 陆荣臻 . 建设项目管理中互联网信息技术的应用研究 [J]. 中小企业管理与科技（下旬刊），2017（12）：136-137.

[19] 吴俊 . 工程项目管理与工程监理对比分析 [J]. 工程技术研究，2017（12）：88.

[20] 吴俊 . 项目管理在土木工程建筑施工中的应用分析 [J]. 建材与装饰，2017（52）：140-141.